하늘을 섬기며

하늘을 섬기며

최원규 시 100선집

한국문화사

최원규 시 100선집

하늘을 섬기며

초판인쇄 2018년 11월 5일
초판발행 2018년 11월 15일

지 은 이 최원규
펴 낸 이 김진수
펴 낸 곳 **한국문화사**
등 록 1991년 11월 9일 제2-1276호
주 소 서울특별시 성동구 광나루로 130 서울숲 IT캐슬 1310호
전 화 02-464-7708
팩 스 02-499-0846
이 메 일 hkm7708@hanmail.net
홈페이지 www.hankookmunhwasa.co.kr

책값은 뒤표지에 있습니다.

ISBN 978-89-6817-692-0 03810

이 도서의 국립중앙도서관 출판예정도서목록(CIP)은 서지정보유통지원시스템 홈페이지(http://seoji.nl.go.kr)와 국가자료공동목록시스템(http://www.nl.go.kr/kolisnet)에서 이용하실 수 있습니다.(CIP제어번호: CIP2018034748)

이 사업은 대전광역시, (재)대전문화재단에서 사업비를 지원받았습니다

시인의 말

이번에 시 100편을 모아 출판에 즈음하여, 내 삶 전체의 집약이라는 점에서 스스로 큰 의미를 둔다. 1960년대 초반부터 오늘에 이르기까지 줄곧 시를 써왔다. 어언 60년 동안 이어진 작업이다.

나는 참으로 기쁨과 행운이 겹쳐진 삶을 살아 왔다. 시를 쓰는데 그친 것이 아니라, 시를 알고자하는 이들에게 시를 가르치며, 아름다운 시를 느끼며 지내왔기 때문이다. 참으로 기쁘고 황홀하였다.

그러나 기쁨과 황홀의 불꽃은 서서히 저녁 놀 속에 스미고 있다. 돌이켜 보건대 모두 고맙고 감사할 뿐이다. 매번 감동을 자아내기에는 심히 미흡한 자신의 시를 주었을 뿐인데, 너무나 큰 사랑을 받았다. 그야말로 되로 주고 말로 받은 셈이다.

이제부터 맑은 하늘에서 내리는 햇살 같은, 푸른 숲에서 흘러나오는 생수 같은 사랑을 내 시를 읽는 이 모두에게 주고, 하늘을 섬기며 여생을 보내고 싶다.

끝으로, 이 시집이 나오기까지 애써 준 한국문화사 김태균 전무님께 감사한다.

2018년 늦가을, 금정재錦汀齋에서.

차례

2부

3부

4부

5부

1부

그림자

한결같이 환히 피어오르는 꽃, 꽃이 담긴
꽃병의 골똘한 생각은, 이른 새벽 꽃잎이
해 얼굴 앞에 녹아든 수면, 그 수면처럼
어린 머리를 치어들고 이렇게 빈자리를
지키어 가는 너로 내가 있음을 역력히
드러 보이는 한낮, 더 뚜렷이 금지어 어쩔 수 없이
마련된 땅위에 그르메 꽃 피어지라

벽

몇 번인가, 이렇게 소리쳐 보아도 더러 부둥켜 오는
바람 앞에 감아 버린 눈길, 매섭도록 차가운
표정에 스스로 대화가 굳어 버리고 먼 머언 곳
티이어 올 별빛 바라 나는 섰는가

텅빈 둘레 밖으로 맺힌 폐쇄
나, 내 이웃 다음으로 내 이웃, 그 증거를 기억하는
소리 귀가 묻혀 버리고 숨 막히는 몸짓한 채
서로 보이고 싶은 것 향하여 소리소리 지른다

밤

가고 또 오는 하 많은 땅, 가슴들인 양 내어 넘을 수 없는 원을 그어, 그렇게 새겨진 빈터에 벌레가 울고
옮아오는 파문 퍼져 흐르는 얄폿한 깃
어느 곳 이 점유할 수 없는 거리에 내가 머물고
잃은 것도 찾은 것도 없는 내 옷에 감도는 이 환한 가슴

석류

노을로 하여 타오르는
노을로 툭 벌긴
가슴아

저 만치 청자 구름 흐르는 어릿어릿 비쳐진
햇살, 金彩赤 금채적 비투른 오묵 항아리

아름히 박힌 銀河 은하를 찾으려
구울리는 눈빛 같은 열매들 틀어박힌
弛禁 이금

간주렁한 계율 앞
그 맨 먼저의 선회였음을
천둥 빗발에 노여워 조용히 절규하는
신비의 소리 들리는가
귀여

언덕은 사랑의

언덕은 사랑의 손을 잡고 당신의 가슴을 듣는다

이제 마악 언덕을 오르는 사슴의 숨결은 보드라운
호수의 파도처럼 가비얍게 밀려 그 다음부터
사뭇 조용히 강이 흐른다

어슴푸레 별인가, 조용스런 눈, 살포시 흐르는 은하
아래는 都市 도시 의 전등과 네온이 흩날린다
더러 기적이 언덕에 부딪칠 뿐
사슴은 고만 몸짓을 열고 파도인 양 맡겨 버린다
맨 처음 피어오르는 꽃송이 몸짓인가 아주
조용한 密語 밀어 만 가고

나란히 비친 어쩌면 슬픈 것 같은 사슴아
어쩌면 서로 작별을 못하듯
언덕은 사랑의 손을 잡고 당신의 가슴을 듣는다
서로가 오래 다시 찾을 은밀한 이야기래서

숲

잔잔한 호수에 엷은 파문이 일듯이 무슨
소린가 확대해 가는 당신은 마침내 온누리를
뒤덮고 저만치 물러서 가는 아득히 흘러가는
어둠을 따라 아우성치는 都市 도시 의 뒷길
멀리…… 들판으로 소리 없이 번져간 이름
모를 이 무한한 욕정들로
뒤덮인 당신은 아!
그렇게 살과 살을 부비듯
당신은 마침내 나를 덮고 있었다

비

우리들 서로가 아파하고
미워하고 사랑하는 것은
마음의 바다에 파도가 일고
오후에 축축히 내리는
비가 은밀히 속삭이는
도랑을 지나 지금쯤 저렇게
아우성치는 파도에 어울려
어디로 가는 것인가
전선의 제비도 비 개인 하늘에
걸려 고전스럽게 지저귀는데
사랑하는 사람끼리 창을
통하여 바라보는 우수가
구름에 엉겨 소낙비는
都市 도시 의 야박한 지붕을
후려 갈기며 달리고
우리들 서로가 아파하고 사랑하는 것은
이렇게 마음의 바다에 소낙비가
나리고 나리는 것

바다 저편에 지금쯤
창을 통하여 바라보이는
이렇게 구비쳐 오는 파도에
너와 나의 가슴을 얹어
하늘과 맞붙은 저곳으로
일렁이는 숨결 밑으로
소낙비가 쏟아지는 도시에
서로가 아파하고 사랑하고
미워하는 것은 마음의 바다에
파도가 일고 전선의 제비도
하늘에 붙어 고전스럽게
지저귀는데
수천 수만으로 그 줄기마다
아 그 줄기마다 수천 수만의
빛들로 하여 너를 고요스럽게
지키어갈 불이 키어진다

裸木 나목

푸른 치마로 앞자락을 가리고
하늘을 향하여 손을 벌리고

나는 간음 당한 童貞女 동정녀, 그때 이미
나는 먼 프로방스로 바람난 파도

쫓기듯 밀려가는 찢어진 깃폭
검은 빗살 받아 묶인 捕虜 포로

나는 바람 불면 지그시 견디는
알몸의 여자 하늘 지나 구름 가고

구름 지나 바람 일면 作別 작별 하고
조용한 거리에서 3355

대열 짓는 裸婦 라부 와 같이 나는 밤을
지나 환한 대낮의 夢遊病者 몽유병자

두 손 벌려 하늘에서 내리는
나의 무게를 지키어 가야지

포플러

보시오 당신은 눈빛만 멀리하는 능청한
沈默家 침묵가, 오늘 아침 朝刊 조간의 廣告 광고를
둘러보고 食卓 식탁의 은수저가 까맣게
죽어가는 九孔炭 구공탄의 매콤한 연기 속
당신은 하늘만 바라보는 할 일 없는 空想家 공상가
빈 가슴 구석에 지붕은 가라앉고
꼭 짐승같은 깡마른 짐승같은 旭 욱이의 얼굴을 살펴보라
십년 苦行 고행 견뎠다 해도 醉中 취중에 너울대는
햇볕같은 舞踊 무용여
오늘 아침 朝刊 조간의 廣告 광고를 둘러보고
象牙 상아빛 우유가 검게 변해가는 우리의 食卓 식탁은
子子孫孫 자자손손 물려받은
아, 당신은 하늘만 지키는 병든 藝術家 예술가

어머니

어머니 나는 꿈속에서 어젯밤 어머니와 이야기한 것이
생각났어요
여전히 어머니는 걸레를 드시고 방안을 닦고
계시더군요
어머니 그런데 어젯밤 제가 학질에 걸려 있었어요
심한 열이 생기구요
어머니 등에 업혀 있었어요
논둑길 돌무덤에 학질을 떼려고 이른 새벽
논둑길을 따듯한 어머니
등에 업혀 갔어요

어머니 어젯밤 또 동네 아이들을 만났어요
복동이는 육이오 때 끌려가구요 복순이는
어디론가 가버렸어요
모두가 불쌍하고 울고 싶어 자꾸자꾸
술을 마셨어요 꿈에서도 자꾸자꾸 마셔지더군요
그래서 오늘은 또 열이 오르고 몸이 무겁군요

그런데 어머니
내일은 어머니 생신이신데
이렇게 올해도 또 가 뵙지 못하는군요
어머니 山所 산소 에 잠드신 어머니

들판에서

조용히 몰려오는 햇살은 한낱의
果肉 과육 이지요 恍惚 황홀 한 線毛 선모 로 흐느끼며
다가오는 波濤 파도 를 보셔요
五月 오월 판에 나와 새소리를 들으니
지난 가을 南남 쪽 바다에서 보았던 갈매기 소리
가느란 銀管樂 은관악 같네요
소리는 고와도 살기 힘든 목청 같구요
한점 微風 미풍 도 여울로 消滅 소멸 되는 瞬間 순간
부서져 흩어진 뭇 햇살에 잠긴 祈禱 기도 는
우리네 피 속에 흐를 거예요
저것 좀 보셔요 새 목숨이 돋아나고 있군요
果肉 과육 의 內面 내면 으로 흐르는 파도소리를 들으셔요
그것은 永遠 영원 한 安住 안주 나무 이파리
하나 하나 가득찬 기쁨의 노래는
참으로 눈물나게 산다는 喜悅 희열 때문이지요
그것은 끝없는 音樂 음악
조용히 몰려오는 햇살은 한낱의 果肉 과육 이지요
恍惚 황홀 한 線毛 선모 로 흐느끼며 다가오는
물살을 보셔요

避難期 피난기

여보게 그러니까 그날 저녁을 먹다 말고
鐵橋 철교 가 끊기는 爆音 폭음 때문에
책상에서 두어 卷 권 책을 빼어들고
南 남 으로 내려가던 날 저녁
무덥던 유월의 소나기가 쏟아졌네
가벼운 歌曲 가곡 에 섞여
며칠이면 지나다가 돌아올 생각이었는데
어찌된 일인가 砲聲 포성 은
자꾸만 등 뒤에서 쫓고 있으니
난리가 이렇게 지루 한 줄은 꿈에도 몰라
온 家族 가족 이 野遊會 야유회 라도 가는 듯하였지만
소나기가 쏟아져 나의 온 몸을 후리칠 때
유월의 新作路 신작로 에서 나는 學校 학교 教室 교실 에서
다소곳이 앉아 있던 자네 얼굴이 막연히
떠오르고 있을 뿐이었네
무더운 여름 그렇게 南道 남도 길을 누비고 갔지
지나는 길 옆 박덩굴이 草家 초가 지붕에 오른
외딴집 물 한 그릇 청하러 들어가면

앳된 아낙네 등에는 졸고 있는 어린 것을 업은 채
또 홀몸이 아닌 듯 가난한 아낙네는
나라 일을 걱정하는 눈빛이었지
여전히 등 뒤에선 포성이 들려오고
밤이면 가깝게 小銃 소총 소리까지 겹쳐 들리니
이제는 할 수 없이 어디 지경이고 가야 할 판일세
終日 종일 걸어서 들길이나 산길을 걸어서
여름의 무서운 소나기를 함뻑 맞은 채
한 房 방 에서 金家 김가 朴家 박가 이렇게 잠들던
우울한 모습
대낮에도 뻐꾹새 울던 고향집은 어찌 되었나
바다가 보이는 언덕에서 잠시 쉴 수 있는 이 거리에서
港都 항도 의 거리에 내가 나섰을 때
거리엔 나어린 捕虜 포로 가 줄로 섰고
구름처럼 나어린 포로들이 隊列 대열 을 지어가고 있는 모습
아, 그들의 모습은 고향에서 같이 놀던 어릴적 동무
맨발 벗고 눈꼽 낀 가느란 목덜미에
고개를 툭 늘어뜨리고 어디론가 가고 있었지

이것은 슬픈 일일세
이렇게 많은 목숨과 목숨이 산더미같이
밀려가는 것은 무엇 때문일까
내 평생 처음 속으로 눈물 흘렸네
서너 달 뒤 저녁 노을이 깔린
무섭도록 적막한 戰爭 전쟁 이 지나간 都市 도시 의 午後 오후
나의 문패가 달렸던 골목길을 들어가니
그곳엔 破片 파편 과 헐어진 벽돌과 울고 있는 가슴 조각만
남아 있을 뿐
무성했던 나의 庭園 정원 엔 나의 키만큼 자란
댑사리 옥수수가 초가을을 서성대고 있을 뿐
나는 달렸네 나의 명찰이 붙어있던 教室 교실 의 책상을 찾아서
그러나 그곳엔 아무것도 보이지 않는 焦土 초토
누가 미쳤길래 이렇게 불지른 거라
小說 소설 을 좋아하던 옆 책상의 자네 지금쯤 어디 있는가
나의 이웃집은 모두 어린것만 남겨놓고 어디 갔는가
아, 모두 잿더미만 남았는가
그날 太陽 태양 은 꽃송이처럼 활활 타고만 있었지

어둠 속에서

나의 멍청한 얼굴과
혼탁한 목소리를 만드신
나의 가슴에 고뇌의 꽃과
그 꽃의 그늘을 만드신
당신은 지금
내 앞에 보이지 않으나

나의 둥근 머리통에 노란
황금을 녹여 가득 채워 주신
당신은 지금
내 앞에 보이지 않으나

가끔 나를 불 속과 물 속에
번갈아 담궈
말갛게 씻어 주시고

가끔 나에게
비단 옷을 걸쳐 주신

당신은 지금
내 앞에 보이지 않으나

대장간의 뒤뜨락
쓸모없는 쇠붙이가
죽음처럼 흐트러진 저녁나절
그 꼬딕의 쇠붙이를
하나씩 주워
나의 빈 호주머니에 넣어 준
당신은 지금
내 앞에 보이지 않으나

당신은 나에게
아주 가까이 가까이 계셔
나의 숨결이 닿은
꽃이나 이파리 곁에
잠깐 숨어 계신
당신이여

잣나무

그대 곁에 자라던 잣나무에
꽃이 피면서, 호수가 고였네
별이 담겨 劫 겁 으로 흐르면서
銀魚 은어 들의 등줄기에 꽃나무가 되었네
그대의 藥指 약지 에 끼워진 고요한 말씀
九泉 구천 에서 돋아난 恍惚 황홀 한 옥돌
그대 곁에 자라던 잣나무에
꽃이 피면서 고여 있던 맑은 물
한 방울도 남지 않고
하늘로 올라갔다네

눈발 속에서

—내 입술이 누구의 입술을 어디서
어찌하여 대었는지 나는 잊었다

하나의 淸淨 청정 한 은혜로 하여
하늘의 숲, 갈대밭에
휘날리는 몸짓이다

가령 길을 걷다가 문득 만나는
잠깐 동안의 일을 위하여
우리들의 하늘에서
不運 불운 한 말씀을 사뢰어도

뉘라, 이 뒤바뀌는 여름과
겨울의 속을 알랴

하늘의 층계를 내려서며
마침내 가슴에 와 닿는
그대 자잘한 法悅 법열 같은 것으로

조용히 아주 조용히 뒤에 미루고
뉘우치며 부서지며
달아난다.

肉身 육신 은 나뭇가지에 걸어 놓고
이승에 쌓인 나무잎 하나
하나가 모두 어데다
뿌려지랴

뉘라 저 소리를 듣는가
무엇인지
무엇인지
미쳐 가고
모진 바위 틈에
永遠 영원 으로 스며드는
눈발 속에
나는 섰는가

사미의 十戒 십계

나는 먼저 머리를 깎고
누른 옷을 입고
어디쯤 서성대다
돌아온 목숨이었네
친구여
햇살을 안고 돌아온 친구여
半 반쯤 醉 취한
半 반쯤 웃는 얼굴로 다가온 친구여
지난해 어느 골목에선가
우박이 쏟아지던
하늘 속의 햇빛
半 반쯤 醉 취한
半 반쯤 우는 얼굴로 다가온 친구여
말도 말게
金 금은 金 금끼리
銀 은은 銀 은끼리 부서지며
비단이나 털옷은
불질러 가득한 연기 속에 지글대고

꽃이나 향수는 홍수처럼 넘쳐나고
노래나 춤은 激戰場 격전장 의 그것처럼
술이나 女子 여자 는
미친 듯이 미친 듯이
뛰고 있나니
아아, 친구여
나는 머리를 깎고 누른 옷을 입고
어디쯤 서성대다
돌아온 목숨이었네

벌레여, 벌레여

소리. 구둘장 밑에서 기어나오렴
속에 스미는 달빛을 지나
凡俗 범속 한 날개를 떼어 버리고
모든 것이 무심히 그치는 瞬間 순간
웃방이나 대청에서 기어나오렴

모든 즐거움이 다한 微睡 미수
밤인가 낮인가 알 수 없는
그 集中 집중 위의 터전에서 기어나오렴

肉身 육신 의 釋放 석방 처럼 즐거운 몸을 다스릴 때
스쳐가는 살바람 灰色 회색 창호지
술盞 잔 이 놓인 床 상 머리의
모든 休息 휴식
不幸 불행 한 손을 뒤로 젖히고 기어나오렴

소리. 하늘에서 내리는
검은 물감

머리를 지나 가슴에 안기는
오욕의 날개를 떼어버리고
땅 속의 壁 벽 틈새에서 기어나오렴.

모든 기쁨이 그치는 戰慄 전율
설사 그런 絕望 절망 을
모두 免 면 한다 한들
술 취한
잠자리에서
냉수를 마시는 滿足 만족 처럼
살갗이 빚어내는 激情 격정 과 喜悅 희열 에서
기어나오렴

생각하고 움직이는
모든 일에서
뉘우치고 期待 기대 하는
모든 슬픔에서
어서 기어나오렴
기어나오렴

태연한 여름

오전 강의를 끝마치고
휴게실 의자에 앉는다
미진한 여운과 아쉬움
—萬海 만해 나 未堂 미당 의 얼굴이 보인다
은유의 구름이 창밖을 지난다.
나의 롤렉스 시계의 싸늘한 감촉을 느낀다
오후는 뜰에 피기 시작한 등꽃을 본다
빗방울이 담긴 햇빛 속에
우주의 번뇌가 탄다.
숱한 목숨이 갈등하고 있는 순간의 여울
그것은
한 발자국씩 지나가는 나의 미열
나뭇가지에 이름 모를 새 한 마리
꽃처럼 피어 있다
……어쩔거나 이 여름
숱한 벌레가 꿈틀거리고
권태로운 한나절의 숨결

새는 非非 비비 背背 배배 種種 종종
이 태연한 여름을
새겨가고 있을 뿐인가

李仁石 이인석 선생에게

마당에 등꽃이 한창이오
맑고 빛나는 당신의 눈빛
고집스레 곱슬한 당신의 머리결
십 년 전에 만난 첫인상이나
십 년 뒤에 만난 당신의 모습이 한결같소
변한 것은 아무것도 없는데
당신의 얼굴을 지나간 주름살이
한결 더 깊어졌을 뿐이오
곧게만 살려고 맑게만 살려고
숱한 원고지를 메워가는 당신의 손끝이
못이 박혔나 보오
가끔 꿈결에 들리오는 기적소리엔
당신의 <古墳 고분>이나 <頭腦 두뇌>가 섞여 있오
멋쟁이 한국의 가난한 詩人 시인 이여
등꽃이 다 지기 전 이곳에 한번 들르소서

꿈밭에서

하늘에서 금의 빗줄기가 쏟아지는데
한량벗는 금줄기가 쏟아지는데
숱한 백성이 거리에 서서
한 아름씩 더 받으려고 애를 쓰는데
아, 어쩌자고
나만이 이 적은 정종잔으로
한 잔씩 받아 마시나

2부

鳳谷寺行 봉곡사행

老松 노송이 우거진 山 산길을 어머니 등에
업혀 가고 있었다
山 산 비둘기가 푸득 날아가고 있었다.
해가 다 넘을 때 절간에 당도하였다.
콩엿과 찹쌀엿 봉송을 꺼내놓고
아버지 앞에 절을 했다
수양中 중인 아버지는
내 손과 봉송을 한꺼번에 잡으셨다
밤엔 스님의 說法 설법을 들었다
커다란 방 한가운데 큰 床 상을 차려놓고
자기가 겪은 일을 무엇이고 좋았다
나의 차례가 되었다
나는 오늘 山中 산중에서 보았던
老松 노송의 두꺼운 껍질과
山 산 비둘기의 말씀이
바로 부처님 말씀이라 했다
스님은 너털웃음을 웃으셨다

ㄱ

으뜸가는 나무
머리를 굽히고 생각하고 있다
곧은 것은 하늘에서
나리는 빗줄기
神 신의 苦惱 고뇌
제비가 하늘을
날고 있다
때로는 소멸한다
아래로 흐르는 수직의 落下 낙하
언제나 출발의 고마움
이제 모든 것은 終末 종말이다
나를 지키는 성장한
한 그루 절망한 잎새

ㅎ

비둘기 떼
캄캄한 구천
빛이라고는 하나도 없는
이 아득한 벽으로
이어진 칠흑의 공간
기름가마 이글거리는 연옥
아스라한 벼랑에 기어오르며
멀리 보이는 하늘의 옷
천상의 비둘기 떼
흐득거리는 목숨의 빛깔
어찌할거나 이 행복,
모든 것은 하나에서 비롯됨인가
차라리 불행한
속의 살갗으로
미뤄두자

母音頌 모음송

하늘을 향한 머리는
하늘에 가득할 뿐
땅을 향한 몸뚱이는
땅의 지순한 몸매를 따를 뿐
하늘은 죄를 가를 뿐
하늘은 휴식과 아픔이 있을 뿐
하늘은 뿌리속에 갇혀 귀는 어두울 뿐
오직 직선같은
우람한 교향악이 울려올 뿐
때로는 갖은 무기로
우리를 위협하고 다스릴 뿐
목숨과 별과 총과 칼이 어우러져
승리와 패잔을 알릴 뿐.
마른 번개로 마른 번개로
깊은 바람과 깊은 땅으로
스며드는 우리의 오월
아 그 오열 속에 물든 모음이여

나무

그를 만난 것은 산에서였다
그는 늘 울부짖고 있었다
이제 오십이 지났단 말이요
나도 이제 질질 끌려갈 수 없단 말이요
오십이 돼 봐요, 그렇게 할 수는 없단 말이요
산에 가서 한 십 년쯤 살아 봐요
죽는다는 것이 무섭지 않단 말이요
그의 피부는 참나무 껍데기처럼
그의 목소리는 거센 바람이 이는 참나무 가지 소리였다
그 눈에서는 마른번개가 일고 있었다.

그를 만난 것은 들판이었다
그는 늘 울고 있었다
그는 늘 술에 젖어 있었다
그는 늘 흔들리고 있었다
할 수 없는 일 아냐
하자는 대로 할 수밖에
들에 한 십 년쯤 살아 봐요

죽는다는 것이 얼마나 슬픈가요
그의 피부는 마알간 과일같이 부드럽고
그의 목소리는 번져가는 이파리 소리였다
그 눈에서는 호롱불 빛이
가물거리고 있었다

그를 만난 것은 바다에서였다
그는 늘 미쳐 있었다
해볼 대로 해보라지
히히 나는 내 날개가 있으니까
바다에서 십 년쯤 살아 봐요
날지 않고 견디나
죽는 것과 사는 것
서는 것과 앉는 것뿐이야
그의 피부는 소금처럼 젖어 있었고
그의 목소리는 짐승의 소리였다
그의 눈에서 파도가 일고 있었다

묘지는 초가지붕

묘지는 초가지붕
젖어 있었네
빛깔 잃은 풀잎
벌레는 울고
마지막 떠난 어부의 노래
구름에 기대선 채
우수의 넋 물방울이
솟아나고 있었네
숨어 버린 별
밤 비단 자락에서
풍기는 향기
울어대는 논과 밭이랑
잔디속의 눈물
내 귀여운 망령은 귀엽게
뛰놀며 다가오고 있었네
비둘기는 하늘에 흩어지고
머리로 흩어진 이승의 혀
비둘기는 하늘에 흩어지고 있었네

어둠속에 숨은
한 아름의 술
흙이나 나무로 자라
저승 속 가랑이를 녹여 내리고
가지들이 물에 젖어 있었네
입술 뜨거운 말씀의 바닥
젖어있는 귓밥
마지막 보낸 사연
반지 자욱 그늘에 고여 있었네
달속의 얼굴이 타고
서러운 그대 살과 뼈는
이승의 풀섶에
황홀한 벌레처럼
울고 있었네

연꽃은 아무렇게나 취해 있었네

연꽃은 아무렇게나 취해 있었네
토주의 진한 살내음을 풍기며
끝없는 욕망 도사린 손을 흔들며
수렁에서 취해 있었네
죽음처럼 돋아난 연둣빛 잎새
목마른 어둠 웅덩이 속에 취해 있었네
진흙 속에 잠긴 벌레는 잠들고
새들이 날아간 저승의 밤 별들
이제 홀로 번개를 맞대고 있었네
그대 지금쯤 西方서방의 언덕에서
진한 술로 범벅이 되어
여름 눈썹으로 돋아나고 있었네
뼈속의 살 속의 가장 뜨거운
아늑한 진절머리
연꽃은 어지간히 취해 있었네

한 빛이여

한 빛이여
파도처럼 흩어지라
한 빛이여
목숨처럼 죽어가라
한 빛이여
저승처럼 맑아오라
모두가 한 빛이여

땅위에 흐르는 빛 덩이여
너무 살을 탐하지 말라
이승의 꿈밭 그 이랑을 지킬 뿐
아흐 눈부신 해 무덤이여

참새 떼 소리

햇빛이 순하디 순하게 내리는
겨울아침 참새 떼 소리

들판 미루나무 숲에 앉은
참새 떼 소리

먼 나뭇가지 주렁주렁 달린
참새 떼 소리

천 섬의 말씀을 주워 담아
이승에 쌓아 올린다면
큰 산이 되겠구나

만 섬의 말씀을 주워 담아
저승에 버린다면
햇빛이 되겠구나

ㅅㅊㅈㆆㅆㄷㅌ····
ㅁㅉㅋㅌㄸㆅㆄ····
ㅿ ㅋㆁㅂᄬㆍㅡㅣㄹㄹ····

너희 아이들이 젖먹을
날에 노래하고

아이밴 너희 아내가
웃으며 잠들고

모두가 말에 짓밟혀
죽지 아니하고

모두가 손잡고
춤추게 되면

천 갈래 만 갈래 참새 떼 소리
햇빛 따라 하늘과 땅에
부서지는 참새 떼 소리

公州 공주 에서

1
내가 바람 속에 묻혀
그대를 바라 보았을 때
그대의 얼굴은 구름 속의 눈물로
범벅이 되어 하늘에 흩어지고 있었다

내가 강물 속에 잠겨
그대를 생각하고 있을 때
첫 겨울의 가라앉은 목소리로 젖어들고 있었다

내가 소나무의 등 뒤에 숨어 있을 때
그대는 머리결을 나부끼며
그대의 입술에 고인 깊은 그늘을
삼키고 있었다

2

오늘 다시 나는 이곳에 왔네
그대 보이지 않는 것은
이 가을의 빛나는 아지랑이 때문
아지랑이가 되어 핏속으로
뼈 속으로 흩어지기 때문일세
그대 지금쯤 곰나루의 풀밭에
낮잠 자는 꿈조각을 주워 모아
밥상보의 모자이크를 새길 것으로
그대 지금쯤 미나리꽝 둑길이
밤의 허연 뼈 속으로 스며들어
걸어가는 새벽 꿈의 자락을
어린 것의 이불자락으로 덮어 놓고
허둥지둥 이곳에 달려 올 줄
나는 알고 있네

나의 살을 바람에 날려
나의 뼈를 흙에 갈아

나의 피를 강물에 흩어
그대가 잠든 심연에 쏟아 놓겠네
우리가 한 천 년쯤 지난 뒤
그 자리엔 꽃이 필 것을
그대와 내가 바라보겠지
한평생 쏟아놓은 나의 핏속의 술을
그대 가슴에 담아
이 山城 산성 에서
나는 취하고 그대는 바라보며
웃고 있겠네

달

그대 보이지 않는 것은
없어진 것이 아니라
수미산이 가려있기 때문이리

그대 미소가 보이지 않는 것은
없어진 것이 아니라
잎새에 가려있기 때문이리

그대 목소리가 들리지 않는 것은
없어진 것이 아니라
바람 속에 묻혀 있기 때문이리

아 두 고운 얼굴을 찾아
하늘로 솟구치는 몸부림
그대 가슴에 뚫린 빈 항아리에
담고 담는 반복이리

향 뿌리를 태워

문을 닫고 향을 피워야지
더러 향내가 모자라면
향 뿌리를 태워 나를 달래야지
마흔일곱 해나 쌓인
온갖 찌꺼기를 말끔히 쓸어 내야지
상처난 딱지가 붙어있듯이
얼룩져 쌓인 군덕살
진한 커피나 독한 알콜이나
흐르는 향기 때문 들이마신
취기의 맑은 찬물로
닦아 내야지
이젠 정말 불살라야지
미워한다는 것도
즐거워한다는 것도
앞으로 나선다는 것도
뒤로 숨는다는 것도
책갈피에 쌓인 먼지처럼
햇살이 들지 않는 서랍 속처럼

어둠 속에 갇힌 모든 것을
밝은 햇살로 닦아내야지
더러운 악수도
거짓의 미소도
이젠 깨끗이 몰아내야지
청청한 산 속의 바위에 올라
빈 마음자리를 찾아내야지
노래나 춤도
꽃이나 비단도
돌이나 나무도 모두 버리고
나는 문을 닫고 향을 피워야지
더러 향내가 모자라면
향 뿌리를 태워 나를 달래야지

마이애미에서

플로리다의 하늘과
서울의 하늘은 다르다
맑음과 흐림은 같으나
구름과 번개는 같으나
그 속을 나는
새의 마음이 다르기 때문이다

마이애미의 매미소리와
참새들의 울음은
충청도 들판에서
이리저리 뛰놀며
지껄이는 소리와 같다
그것은 그들이 찾는
사랑이 우러나는 소리이기 때문이다

우리는 하나가 될 수 있네

내 아버지의 아버지를
내 할아버지의 할아버지를
맨 마지막 그분을 찾았을 때
우리는 하나가 될 수 있네

흑인과 백인이 혼인하고
불타나, 예수 이슬람과 힌두
그분들을 모시는 한마당에 섰을 때
우리는 하나가 될 수 있네

바다 밑 터널을 뚫고
한반도를 지나 북경에서 뉴델리
빈에서 모스크바로 달릴 수 있을 때
우리는 하나가 될 수 있네

그리하여 어느 한 곳이라도
마주친 친구 환한 웃음으로
악수를 나눴을 때

우리는 하나가 될 수 있네

조그마한 땅 그것도 남북이 갈려
아주 작은 뜻을 서로 거슬리고
반목하고 헐뜯고 시기하고 질투하고
원망하고 욕질하는 못된 버릇

그것을 사랑으로 허물고
오직 위하여 삶을 누리고자
다짐하는 크나큰 분이 이 땅에 계시리니
사랑이여 참말도 큰 사랑이여
동방의 등불 그 빛으로 하여
온누리가 환한 그 분의 빛기둥으로 하여
우리는 하나가 될 수 있네

겨울 동행

우수의 겨울비가 내린다
커브길엔 40을 밟고
트인 길은 80을 밟으며
텅 빈 겨울 산사로 달린다
자식들은 모두 자라 제 길을 가고
잘생긴 산소를 바라보며
그런 곳에 묻힐 것도 생각해 보며
우리는 말없이 달린다
살은 살끼리 황홀하여도
가슴은 가슴끼리 아파오고
우리가 가는 것이 바람처럼 흔적 없어도
밤하늘의 별처럼
다시 살아나는 그리움만 남으리
브레이크를 밟고
창문을 여니
여전히 겨울비가 내리고 있다

외할머니頌 송

철둑 건너 모과나무골
어머니와 손잡고 외가에 들어서면
반가워 눈물짓는 외할머니
흰 옥양목 치마로 눈물 닦으며
꿀물을 냉수에 한 사발 먹이시곤
나를 사이에 두고 모녀는
함박꽃처럼 환하게 웃고 또 웃고
달이 서녘으로 넘을 때까지
도란거리셨나니

능수화

바라보면
노을빛 얼굴을 하고
탐스러이 매달린 능수꽃
아침이면 환히 웃다가
저녁이면 모두 떨어진 모습
어지럽고 안쓰럽고 슬프다
몇 해 전 능수화 한뿌리를 들고
찾아 주었던 지교수
벌써 저승간 지 몇 해 되었나
능수화 활짝 핀 지난여름
놀빛 꽃을 바라보며
자기 아내 같다고 하던 송교수
올해의 능수화를 보지 못한 채
황색선을 넘어 저승가고
그의 부인은 떨어진 능수처럼 슬프다
피고 지는 기쁨과 슬픔이
하루 동안 이루어지는 일일진대
친구여

땅속에서도
슬픔을 기쁨으로 솟게 하라

산의 꿈

산은 조용히 모습을 낮춘다
오르고 올라도 황홀한 하늘에 닿지 않는 슬픔이 있다
풍만한 바다와 살을 부비며 살을 간지럽혀도
뒤틀지 않고 소리내지 않는다
밤하늘의 요정 별빛이 눈으로 속삭여도
성난 구름이 에워싸도
미친 바람이 서둘러 덮쳐도
산은 조용히 숨을 죽인다
아침이 오면 산은 꿈에서 깨어나
서쪽으로 서쪽으로 발길을 옮긴다

군산행

창가에 드리운
긴 벌판 만경들을 바라본다
바다가 가까울수록 조바심난다
자식들의 일로 해가 기운다
쉰이 지난 이제
다가올 앞날을 예감하며
성급한 욕망에 휩싸인다
시속 100킬로미터보다 빠른
철없는 과속
노을을 가른다
어차피 노을이 걷히면
밤별이 돋아나고
내일은 다시 해가 솟겠지
느긋한 생각은 어디 가고
지천명에 허둥대나니
소금기 밴 바람이 왈칵 스민다
짭짤한 생선 미역 냄새
채만식의 <탁류>는 군산 앞바다일까

허소라의 <파도에게 묻는 말>은
이 지경에서일까
산 같은 바다가 보이고
바다 같은 산은 멀리 달아난다
<정우>란 놈 자라서 이곳을 지날 때
나는 어디쯤에서 이 바다를
지켜볼까

아버지

작년 시월 스무날
아침 타이페이 출발
김포 가도를 가르며
나무관세음보살 찾다
마지막 산소기를 빼고
임종을 기다린다
아들 모습 더 잘보려고
안경을 찾으시다
마지막 한마디 하고 싶어
틀니를 찾으시다
밤 병실에서
이승을 하직하시다
깨끗한 명주 새옷
저승 갈 채비로
갈아 입혀 드리다
아직도 수족은 따스하다
아! 저승은 어두운 밤뿐인가
눈 감은 채 다시

뜨지 않으시니
한평생 모시던 부처님
가까운 곁으로 가시니
그 편안함과 아늑함
당신의 모습은
꼭 부처님 같아라

3부

시의 종말

머리도 잘리고
팔도 잘리고
어깨도 잘렸다
원래의
네 모습을
찾아볼 수 없구나
그러나 내일을
위하여
잘려야 한다
잘리는 아픔도
아파서 터트린 눈물도
속으로 새기며 참아야 한다
안으로 뭉친
의지의 토루소여
그리하여
참다운 시가 되는가
얼굴을 보여서는 안 된다
손짓을 하여서도 안 된다

몸짓을 하여서도 안 된다
이름을 알아서도 안 된다
주소를 알아서도 안 된다
어제를 보이지 말며
내일을 말하지 말라
피를 흘리지 말며
눈물을 흘려서 안 된다
더구나 사랑을 내보일 때 시는 끝이다

들꽃頌 송

아무렇게나 자란 들꽃
그들도 참으로 예쁜 이름이 있지
아주 작고 붉은 개미딸기라든지
보라색 시골 아기씨 같은 달개비 하며
연분홍 패랭이꽃 날렵한 제비꽃
수수한 아주머니 질경이 하며
푸근한 엉겅퀴
밟혀도 죽을 듯한 목숨
그들도 이들의 힘은
숨어서 자라
함부로 아무렇게나 태어난 목숨
그들도 모두 이름 있나니
자라서 자식 낳고
어미로서 할 일 다하는지라
더러는 한숨도 눈물도 흘리지만
하늘에서 태어난 목숨
그럭저럭 입에 풀칠은 하고
비 가리고 바람 막으며 살더라

캔자스의 매미

대낮에도 해뜨고
천둥 치고 매미 우는
소리는
내 고향 충청도와 같으니,
생각만 하여도
아득한 들판,
여기는
우리 땅의 몇 갑절
바람도 몇 갑절
흙도 몇 갑절
그러나 천둥소리 매미소리는
고향의 그것과
하나도 다름없네

종소리

그것은
땅에서 솟아나는 것이 아니면
하늘에서 우러나는 소리다

우주의 둘레로 퍼져 흐르는
목숨의 희열이다

침묵을 거부한 우람한 숨소리

어둠을 불사르고 만상이 환한
저 뭍이나 바닷가 잇닿는 곳

구석지고 버려진 어느 곳이라도
햇살처럼 돌아보는 이 갸륵한 말씀

그것은 사랑과 미움을 참고 견디는
소리다

바위 속 그 속에서 솟아나는 힘의
노래다

구천에서 솟아나는 빛의 소리다

바닷속 그 지각 밑의 줄기찬
솟음이다.

모든 것을 거부한 채
모든 것을 파헤친 채
모든 것을 몰아친 채
모든 것을 쓸어버린 채

안으로 안으로 빛을 담아
더 높게
더 힘껏
울려 퍼지라

無量光明 무량광명 아침 햇살처럼
온 누리에 가득하라

그것은
땅에서 솟아나는 것이 아니면
하늘에서 우러나는 소리다

바다

보석의 보따리를 무진장 풀어 놓은 바다

파도소리는, 파도소리는 끝없는 수평선에서 영겁에
부딪칠 뿐
무위 속에 닦인 이 포효 앞에

좁고 답답한 도시의 골목에서
우울한 우리네의 지붕 밑에서
늘 닫아만 두었던 가슴을

활짝 열어 버려라

순간에서 순간으로 잇닿은 영원한 음악
무한에서 무한으로 잇닿은 광활한 무용
그 앞엔 오직 하늘만 있을 뿐인가

진흙 속에서

이름 모를 미물이여
꿈틀대는 목숨
눈코 뜰 사이 없이
어지럽게 엉켜
뒤척이는 모습들

말씀보다는 몸짓으로
노래보다는 손짓으로
서로의 몸놀림을 의지한 채
뒤척이는 황홀함이여

살은 살끼리 부비며
뼈는 뼈끼리 부비며
피는 피끼리 엉기며
어디쯤 왔는가

두 눈은 비워 지워 버려도
엎드려 꿈틀거리며 빛는 욕망

떠난 마음 한데 모아
잠시 손을 잡는다
더듬고 더듬어 쓰러져 길게 울고

어둠 속에서 어둠을 잊고 있는
밝음 속에서 밝음을 잊고 있는
밤과 낮이 한데 얼려 있는
無明 무명 의 둥지 속에 갇힌
이름 모를 미물이여

팽이頌 송

더욱 세차게 쳐라
윙윙 소리가 나도록
뾰족한 끝이 깊게 패이도록

어찌할거나
버려두면
주저앉고 마는 것을

뒤집히면 살 수 있나
엎어지면 살 수 있나

더 세차게 쳐라
겨울바람처럼
윙윙 소리가 나도록

그리하여
나를 스스로
있게 하라

同行 동행

남이 가진 보석을 빼앗았건
남의 사랑을 빼앗았건
날카로운 칼로 살아 있는 목숨을 베었건
그것은 아무 죄가 되지 않네

몸을 찬물로 닦아내고
말씀을 참고 견디며
남에게 꽃을 바쳐
그 꽃이 당신의 영혼에 향기를 넣어도
그것은 아무 덕이 되지 않네

친구여
어깨를 스치는 친구여
여기 햇빛이 배인 사과 한 알을 쪼개어
우리의 살을 부드럽게 해 주는
과즙으로 목을 축일 때
우리는 서로 할 일을 다했다고
말할 수 있겠네

풍뎅이

누워서 추는 춤은 서럽다
바닥에서 날개를 푸덕이는 것은 서럽다
그러나 비잉비잉 圓舞 원무 는 즐겁다

어디서 날아왔는지
매끈한 장판 위
날고자 애쓰는 풍뎅이 한 마리

잠시 쉬었다
다시 날개를 푸덕인다
헛바퀴를 돌 뿐

내가 조금만 거들어 줄까 보다
조금만 거들어 주면
하늘로 날아갈 수 있을 텐데

아 그러나 나도 풍뎅이처럼
제자리에 앉아
힘겹게 힘겹게 비잉비잉 돌 뿐이다

멀리 있는 너

1
봄비는 산새알을 적시고
가을 서리는 그대 머리를 획 하나니
서러워라 살속의 목숨
그대 허리에 손 얹으면

2
밤만 되면 가라앉으리라 믿었더니
대낮 밖에서 몰려다니는 남루한 바람
또다시 밤이 오니
바람 속 까마귀소리 꿈에서 더 커지네

3
흙으로 만든 소들이 바다에 뛰어들고
나무로 만든 새들이 구름 속에 흩어지나니
금으로 만든 말씀들이 재속에 잠겨 있어도
이 모든 것이 물거품처럼 강물로 흘러만 가네

4

멀리 있는 네가 뜻밖에
지난밤에는 나와 함께 누워 있지 않겠니
아주 오래 같이 지낸 사이처럼
서로 살갗을 맞대고 자고 있지 않겠니

5

장미 국화 아름다운 꽃밭 속에
미소같은 언저리를 맴돌다가
아침 이슬 보석같이 잠시 번쩍이다가
아무리 찾아도 보이지 않는 그대 얼굴

6

산이 묻혀 바다가 되고
돌이 녹아 물이 되네
살이 굳어져 뼈가 되나니
나무가 날아 구름이 되네

7
변두리의 논바닥
얼음이 풀리네
가슴 속의 서리가 녹으니
그대 피가 더워지겠네

8
그대 왜 이곳에 사느뇨
나무와 새가 있기 때문일세
그대 왜 이곳에 죽느뇨
구름이나 번개가 지나갔기 때문일세

9
벼랑에 떨어질 땐 오줌을 지리고
비탈길에 오를 땐 열병을 앓나니
잠깨어 떠오르는 그대의 눈빛
밤하늘 아무데나 별빛으로 남았거라

10
몸살난 사랑은 기름가마 속에
뜨겁게 펄펄 끓는 기름가마 속에
죽었다 깨어난 그대의 뼈일 뿐
반질반질 문질러 가슴에 품거라

11
아카시아 무성한 숲속을 헤매다가
가시에 찔리고 독벌레에 살 물리면
소복히 부어 오른손이나 뺨 언저리
달디단 꿀처럼 빨아주던 그대여

12
땅이 패도록 소나기가 퍼부어도
등가죽이 벗겨지게 햇빛이 쏟아져도
안산의 강철은 몸살나게 지나가나니
그대여 여름의 벼랑에 들꽃으로 피었거라

13
봄 뜨락 벌 떼 소리 여름 새벽 매미소리
가을 들판 참새소리 겨울밤 바람소리
모두 떠난 빈 자리에 나무나 꽃들조차
서쪽인지 동쪽인지 서둘러 떠나가네

14
그대의 향기론 입술 그대의 살결
그대의 빛나는 머리, 그 속에 고여 있는
뜨거운 샘물은 마르지 않지만
어느날 갑자기 물과 흙으로 범벅되나니

15
누에는 나방으로 구렁이는 용으로
강물은 바다로 뒤바뀌어 가나니
산자가 죽은자를 슬퍼하지만
사랑이여 어둠과 밝음이 함께하기를

16

구름이고 바람이로다
물이고 불이로다
그대의 오장육부 그 속에 파묻혀
몸부림치던 조그만 살점이여

17

어찌하여 살의 일로 하여
어찌하여 피의 일로 하여
어찌하여 뼈의 일로 하여
날마다 꿈에서 땀 흘리는지 몰라

18

마침내 이승은 모두 불타 재가 될까
형체만 남았어도 얼어붙은 무덤될까
그러나 남아 있으리
그대의 살을 태운 번개같은 욕망은

19

기쁨도 슬픔도 한낱 물거품일 거야
미움도 사랑도 한 점 바람일 거야
꽃이나 새도 구천에 묻힐 거야
어느날 갑자기 모두 없어질 거야

20

그대의 손은 구비치는 바다처럼
그대의 손은 서성대는 바람처럼
자꾸만 만지고 쓰다듬으며
내 가슴을 맴돌고 있을 거야

21

빛을 볼 수 있는 그대의 눈처럼
빛은 살아 영혼을 찾네
비록 허망하게 땅에 떨어져 있어도
그대 숨결처럼 살아 있을 거야

22

꼭 안아도 안아도 텅빈 바람처럼
없는 듯 비어 있는 그대의 몸뚱아리
팔에 힘을 주고 허리에 힘주어도
잡히지 않지만 서로가 뼈가 녹아오는 황홀함이여

23

그대의 알몸 곳곳에
사랑은 남아있네
가끔 찾아오는 꿈속에서
어두운 밤들이 씻겨가리니

24

그대 한알의 이슬인 듯 태어나서
살과 뼈와 솜털이 자라
뚜렷이 보이는 꽃처럼 피었어도
이슬이 바위 되고 바위는 흙 되나니

25

그대 다니던 숲속에 가니
이름 모를 새들이 날아와 있네
무더운 여름 매미는 극성스레 울고
여치나 땅개미가 자웅질하네

26

그대 가는 길을 알지 못하면서
그대를 따라 이곳까지 왔네
저녁 햇빛을 안고
해 저문 들녘을 지나 이곳에 왔네

27

아무것도 없는 것에서 태어났으니
내가 살아 있다는 것도 없는 것이뇨
그대가 웃음짓는 것도 밝음 때문이니
어둠이 오면 그대는 다시 꿈속에 숨느뇨

28

텅빈 숲속에서 새들이 울고 있듯이
어두운 길 위를 빗소리가 지나가듯이
아득한 언덕 그 너머에
그대는 나의 육신을 놓아주겠네

29

그대가 끝없는 시간 속에 살아 있듯이
한 알의 돌처럼 살아 있듯이
들판 위 버려져 깎인다 해도
가슴 속 이 구석 저 구석에 뒹굴고 있네

30

그러나 밤은 또 오고 또 가나니
밤에만 피는 꽃의 빛깔을 보느뇨
그것은 별빛같이 반짝이는
그대의 눈빛이나 손톱자국일 뿐일세

새벽빛은 숲위에 부서지고

31
새벽이 밝아 오면 숲속에선
이름 모를 새들이 울고 있나니
이 많은 새들의 울음소리는
그대가 한평생 지껄인 소리와 같아

32
크다고 해도 그렇게 큰 아름드리 전나무
몇 백 년이나 되었을까
사람의 일로는 오륙대를 지났을까
그대의 귀인 양, 여린 나뭇잎은 흔들거리고

33
멀리서 개들이 짖고 또 새들이 울고
새벽의 햇빛이 숲 위에 부서지네
그렇지만 오늘은 나의 손발을
꼼짝 못하게 그대의 그늘로 묶어 두네

34
그러나 나는 가야 하리
밤이 오고 낮이 가는 것처럼
그대가 가고 내가 와야 하는 것처럼
꿈을 얻으려면 고개를 올라야 하리

35
하고 싶어서 하는 것이 아니라
살아 있으니까 하는 일이랴
보고 싶어서 보는 것이 아니라
눈 뜬 자의 고달픈 반복이 아니랴

36
자욱한 안개 때문에
이승의 모든 것 어렴풋하지만
그대 가슴 속에 불타는 빛으로 하여
멀리 있을수록 반짝이는 뼈마디

37

숲속에 잠긴 나뭇가지
사랑에 잠들어 있듯이
꿈의 열매가 익어가면
그대의 단잠도 술처럼 익어가리

38

늪에는 무슨 생각이 잠겼길래
저렇게 조용할까
거머리나 소금쟁이, 눈먼자들의
사랑하는 몸짓 때문에 흔들림이 없을 거야

39

모기 소리를 들은 자는
그들의 아우성이 무엇인지 짐작하리
소리쳐도 들리지 않을 만큼
애처로운 마음을 저승에 두고 온 것이거늘

40
하나의 돌멩이 아무데나 깔렸어도
한마디 말도 없이 천년을 지내는가
지탱하며 견디며
그러나 서로를 확인한 채 오늘을 지새는가

41
바람은 바람끼리
들판을 한 바퀴 돌고
산모퉁이에서 한잠을 자고
내일 또다시 숲에서 짐승을 재워줄까

42
아득하고 높은 저 빈 산
아무도 발자국을 내지 않는 빈 산
나무도 없고 짐승도 오지 않는 빈 산
외롭고 목말라 불타는 그대 가슴이뇨

43
달팽이 속에 도사린 밀실
앙금을 품듯 그대의 가슴에
그리움을 새김질하네
그러나 열어보지 못하는 덮개에 짓눌린 채

44
찬서리가 내리고 지각이 식어지면
뜨겁게 더워지는 구들장처럼
그대의 살과 피는 더워지누나
낮 햇살 따스이 익어가는 늦가을 열매

45
온종일 서서 기다리는 나무에
찾아오는 이 없고 작별하는 이 없는
그대 곁엔 바람뿐
그러나 찾아오는 이 있으리, 기다려 볼까

46

그대는 여전히 달빛이어라
어디고 어리며 스며들고 있으니
잠든 영혼을 덮어주고
짐승들의 홀레를 지켜주고 있으니

47

돌처럼 지켜보려 해도
돌처럼 죽음이 흩어져 있네
돌처럼 흩어지려 해도
돌처럼 솟아나 또렷해지네

48

가령 이름 모를 들꽃들처럼
여리고 슬픈 것 얼마나 될까
핀다고 꽃이며, 연다고 열매인가
새봄과 늦겨울은 여울에 실려 가리

49
내 가슴에 품은 걱정거리 하나
내 육신에 가진 병주머니 하나
그대에게 건네주랴
끝내 버리지 못하고 꿈속을 헤매나니

50
어둠이 나를 잡아매어 두어도
영원히 반짝이는 별빛같이
진실로 생각하는 넋의 꿈이여
아득한 하늘 끝 그곳에 닿을까

51
밤은 깊은 못 속에 묻혀버리고
그대 가슴속 담겨 있는 속물은 괴어
퍼내고 다시 퍼내어도
밤의 샘, 마르지 않는 꿈의 항아리

52

꿈의 날개는 술향기처럼 은은히
이승의 온갖 꽃들로 덮여 있으니
그대 울음과 웃음 소리내어도
바람은 불고 나뭇잎은 흔들리고

53

비둘기 소리로 다가오며
낙엽같은 몸짓으로 딩굴며
멧새 발걸음으로 땅을 딛으니
숨막혀 젖어오는 땀의 단물이여

54

가없는 맑은 영혼아
그대의 힘과 노래로
온누리를 가득 채울 때
하늘에서 비로소 눈비 쏟아지나니

55

가을은 아직도 오래도록 나무 곁에
서성거리고 황량한 들판 너머
허수아비 모양 서서 있나니
겨울이 오기 전 그대 뜨거운 눈물 한오큼 지려주려나

56

얼마나 많이 꿈에서 깨었던가
멀리 보이는 그대의 집
숲을 헤치고 언덕에 오르면
눈물과 웃음이 범벅된 그대는 서 있나니

57

폭풍 위에 드높이 안개는 깔려 있고
아리따운 들국화 아련히 깔렸어도
갈대밭에 누워 있는 그대의 머리칼
바람에 날려도 뿌리는 박혔어라

58

벌레가 처음 태어날 때 몸부림치듯
가을날 마음없이 흔들리는 파도여
이 밤에 그대의 살은 어디로 뒤척이나
살아서 허무하여 몸짓하는 파도여

59

아주 먼곳에 있으뇨
손으로 만져질 수 있는 곁에 있으뇨
바람처럼 가버린 서쪽의 끝이뇨
돌아와 꽃병에 꽂힌 향기론 국화뇨

60

사랑은 사랑하려 할 때 사랑이 아니다
믿음은 믿으려 할 때 믿음이 아니다
착함은 착하려 할 때 착함이 아니다.
다만 별처럼 눈떠 오래 지키는 것뿐인가

맨 처음 눈을 떴을 때

1

새벽에 눈 뜨는 산새알 보았느뇨
쬐그만 그 속엔 하늘의 푸르름과
천 갈래 만 갈래 빛덩이가 들어 있고
노랗고 빨간 더운 숨결 괴었나니

2

멀리 산 능선이 먼동과 마주 서서
나무와 손짓하고 새들과 노래하니
처마 밑에 쌓인 시름 어디론가 흩어지고
아이들 오줌 갈기는 소리만 들려오네

3

이승의 모든 것을 하나씩 알아가리
갇혔던 밤들이 묶여 있다가 조금씩
조금씩 풀려가는 소망처럼
그대는 눈 떠 모습을 드러내리

4

밤새 울던 벌레는 잠들고 새들이 도란거리나니,
기지개 켜는 소리
모두 도망하라, 제자리로
제 그늘을 무덤처럼 파고 있나니

5

새벽의 지혜와 밝음이 온누리를
내려다보기 시작할 때 바다로 떠나는
바람처럼 벌거숭이로 벌거숭이로
춤추며 가는 그대 모습

6

달은 제자리에 돌아가고 별은 모두
숨어버리기에 다급한 시각
구름의 남루한 이불자락 걷어버리고
알몸뚱이로 알몸뚱이로 뛰쳐나온 그대여

7

술에서 깨어나, 병에서 회복된
참으로 오랜만에 돌아온
후회스런 모습으로 서 있는 새벽
그대 머리는 이슬에 풀처럼 젖어 있었네

8

무거운 겨울새벽의 이불자락과
가라앉은 여름새벽의 무릎마디며 향기론
봄 새벽의 머리카락 그러나 넋이 고여 있는 가을 새벽,
뼈마디가 조여오고 있음이여

9

수줍고 차갑고 입김이 안개처럼
번져오는 새벽에 그대와 언덕에 오르면
뼈는 뼈끼리 살은 살끼리
밝음에 녹아 어둠을 퍼내고 있었음이여

10

천년이나 만년 뒤에도 새벽은 있을까
하늘과 땅 밝음과 어둠도 있을까
그대의 하얀 뼈
어둠 속에 빛날까

11

문득 풀벌레 울음소리 들려도
들꽃의 향기 스며도
바람 따라 가버린 그대 몸짓처럼
펄럭이며 왈칵 내 가슴에 머무네

12

수많은 새벽이 되풀이 되어도
먼동 하늘은 트이어 오고
장난스런 구름 떼는 저희끼리 몰려가도
사랑스런 그대 얼굴 또다시 떠오르네

13

간밤 어둠 속에 감춰진 얼굴이
밝아오는 빛 속에 서로를 볼 수 있듯
꽃이며 빛깔이 제 모습을 드러내니
그대 웃는 하얀 이 번쩍 눈부셔라

14

수천 마리 새 떼가 요란스레 지껄여도
거센 바람 눈보라 지천으로 흩날려도
숲속의 나무들이 울부짖어도
깊이 잠든 그대의 샘 따순 물은 괴어 있네

15

촉촉한 풀잎처럼 젖어 있는 그대 머리
밤하늘 별처럼 반짝이는 그대의 눈
봄뜨락 양지처럼 따뜻한 그대 가슴
가끔은 잊어도 몸살처럼 도져오네

16

마음놓고 쏟아지는 햇빛을 주워다가
함부로 불어대는 바람을 모았다가
온 하늘 붉게 물든 노을을 담았다가
잠깬 그대에게 구석구석 뿌리고자

17

미루나무 가지의 까치집이 외롭듯
멀리 보이는 그대가 그리웁고녀
바람잔 이 새벽 싸늘한 잎새처럼
그대 살결 땅이듯 식어 있고녀

18

꽃과 잎은 피고 지고
또 몇백 번을 반복하여 피고 져도
어둠이 뒷짐 지고 물러설 무렵
그대의 샘 퍼내고 퍼내어도 남아 있음이여

19

뚫린 뼈속의 아픔이 멀리 있을지 몰라
으실으실한 몸살 그대 몸속의 사랑일지
하늘나라까지 갈 수 있는 채비를 서두르듯 뒤척이며
앓고 있는 몸부림일지 몰라

20

눈물은 눈물끼리 땀은 땀끼리
살은 살끼리 뼈는 뼈끼리
모두 땅속으로 파묻혔나니
그러나 하늘로 솟아오른 그대 넋 아침 해여라

21

한점 이슬인 듯 육신은 그대 살 속에
숨쉬고 뼈나 머리가 자라
눈이 생기고 손가락이 보이며
어느날 살을 찢고 앙 울며 나오는가

22
밤같은 술이 익었기 때문이리
어둠같은 고요가 흠뻑 쌓여
그대가 숨겨둔 겨드랑이의 터럭처럼
가끔 하나씩 햇살과 마주했기 때문이리

23
내가 맨 처음 눈을 떴을 때
하늘의 햇빛은 몰려오고 있었나니
저 들판 바람은 몰려가고
나무는 쏜살같이 그대 곁에 달아났네

24
여름새벽 자지러진 매미 울음
지난날의 일들처럼 멀리 보내고
벌써 죽은 자의 허물을 더듬나니
뒹굴며 헐떡이며 벌레는 어디쯤 가나

25

한 알의 열매 속에도 새벽은 오는가
그 목숨의 안에서는 안거가 내려
꽃이나 가지를 분별할 수 없으니
무명의 진드기가 엉겨 있음이여

숨어버린 꽃들을 향해

26
오늘 해는 또 솟는가
멀리 터오는 하늘의 빈터
밝음이 몰려오면 별은 숨겠지
나무는 그대 곁에 둘러서 있나니

27
내가 어머니 뱃속에 있을 때
이슬이나 꽃같이 순하디 순하게
숨쉬고 있을 때 새벽에는 눈떠
이승의 온갖 번뇌 찾아 헤맸을까

28
모르고 있었으리 진정 모르고 있었으리, 안다 한들
무슨 재간으로 참견하였을까, 다만 배꽃으로 숨쉬며
좋은 날 생각하며 웃고 있었을 거야

29
눈이 오면 산새는 울고
햇빛은 기어 나뭇가지에 오르고
언덕과 웅덩이를 누비다 나온
바람과 마주하며 손잡고 있겠지

30
비는 내려 눈물이 되고
속태운 끓는 한이 불이 되는가
물과 불이 섞여 땅속에 숨었다가
새벽이 되니 그대 살 속에 피어나느뇨

31
어둠속에 갇힌 나무나 꽃이
눈뜨며 걸어나오네
땅은 햇빛을 받아
비로소 더워지는 거대한 육체인가

32
들판엔 어둠이 깔리고
그것을 헤집고 솟아나는 풀잎
참으로 자유스러워라
그 흔들리는 몸짓과 빛깔

33
산 너머 어슴푸레 먼동이 터오면
그대 머리카락처럼 향긋한
풀내음 번져오던 새벽
어린시절 맨발로 뛰놀던 마을이며

34
씀바귀 나싱개처럼 아무렇게나
돋아났어도 쓴맛보다는
단맛으로 우리네 몸을 덥게 해주던
다숫한 봄같은 그대 생각

35

새벽 산에 오르는 건
숲을 보기 위해서가 아니라
맑은 영혼을 달래기 위해서가 아니라
무언의 그대 품속 잠기기 위함일세

36

새벽 향기는 잘 다스려진
살내음 같더라
욕망으로 가득찬 어둠 속에서도
눈뜨며 다가오는 그대의 미소

37

창은 눈떠 분주한 사람들의
오고감을 바라보며
먼데 손짓하는 나뭇가지에게
가쁨과 슬픈 소식 전해주려나

38

어둠과 빛의 물결
밀물과 썰물처럼 반복한다 해도
태어나고 죽어감이 계속된다 해도
점잖은 새벽은 그것들을 지켜주네

39

아름다워라 그대 미소
향그러워라 그대 속살
황홀하게 불탄다 해도
뼈 속에 잠든 성애와 같은 것이거늘

40

그대여 이 새벽 어디서 잠깨었나
늪과 벼랑 험한 언덕에서
시달린 바람과 함께 이곳에 왔느뇨
언제 다시 만나 새벽 별 볼까

41
연꽃이 진흙에서 활짝 피어나듯
밤의 심연에서 밝아오는 새벽
뿌리는 어둠 속에 박혀 있으면서
그대 살 속 영혼은 솟아나리

42
이승의 목숨 다하게 되면
새벽이슬 되고 싶어라
모든 번뇌 씻어주고
오직 맑고 빛나는 그대 눈 되고 싶어라

43
새벽은 눈뜬 자의 침묵이고녀
봄이 되어 파란 싹이 돋는 것처럼
수줍어 내미는 그대의 혀
길고 긴 입맞춤은 어지러워라

44

여울은 흘러 강이 되나니
죽는 자는 강물에 떠돌다가
멀리 지저귀는 새 떼와 어울리고
어린날 들판의 미루나무처럼 서 있고녀

45

새벽의 시작은 어디인가
지난날의 얼굴이 꽃처럼 지네
새벽의 끝은 어디인가
땅위의 어디선가 빛은 자라고 있으니

46

가는 여름은 잡을 수 없네
땅속의 지렁이는 한층 높여 울고
극성맞은 대낮의 쓰라라미
긴 여름의 노래도 끝내나니

47

기름가마 끓고 있는 한낮의 여름
지옥으로 지옥으로 떨어진다 한들
아득한 진절머리 거듭된다 한들
그러나 둘이서 한 몸이 된다면

48

허망한 짓이리 허망한 짓이리
지옥인들 극락인들 마침내 갈 것을
깨었다 죽어가는 죽었다 깨어가는
이승과 저승도 눈 떠볼 수 없는 어둠이고녀

49

짓푸른 말씀으로 퍼올리는 하늘
저 아득한 곳에
어둠을 밝히는 눈이 있어
오늘도 그대와 마주보나니

50

그을린 여름의 나뭇잎들은
저만치서 손짓하며 부르고 있나니
몰래 숨어버린 꽃들을 향해
마지막 힘겹게 몸짓하여라

그대 잠 속 가장 소중한 그리움으로

1
찬란한 햇빛 가득한 이 언덕에 와 보라
멀리서 노래하는 강물의 번득이는
금빛 흩어진 구름 사이
문득 비치는 푸르름이 아득한 지난 일까지 비춰짐이여

2
아직도 바람은 잠들지 않고 푸른 치마 걸린 나무들의
행렬을 쫓고 있으니
모두 손 흔들며 즐거운 손짓으로
만남의 기쁨을 내색하고 있어라

3
햇빛은 지붕을 껑충껑충 뛰다가
풀밭을 찾아 헤매고 있으리
아, 어디지경 달려갔을까
제 모습의 그늘에 갇혀 잠들고 말았네

4

낮과 밤의 싸움은 무엇인가
낮은 사랑을 위해 있는 빛의 확인이라면
밤은 사랑을 잊는 어두운 무덤일까
뜨거운 햇빛이 내리쪼일 때 살아나라

5

해는 날마다 다른 얼굴을 하고 떠오른다
때로는 맑은 눈물을 흘리며 다가오고
때로는 무서운 칼을 휘두르며 다가오고
그러나 누구도 그를 무서워하지 않으니

6

대낮의 햇빛이 내리쪼일 때, 그 사람은 죽어가고,
빛이 어둠을 뚫고 죽음을 또
파헤치고 있을 때, 다시 빛은
무덤 속의 흙을 밝게 씻어주고 있었네

7

햇빛의 모양을 볼 수 없어도
나무 그늘 보면 햇빛의 모양 알 수 있듯
살아 있는 모양이 무엇인지 모르지만
삶이 중지된 순간을 보면 알 수 있을까

8

이렇게 환한 대낮에는 무간지옥 보일까
수미산도 보일까. 대낮 순간에 그대는
죽어가고, 푸른 풀을 의지하여 풀벌레 되고
빛과 목소리도 풀빛 같더라

9

몸을 바꾸어 새 몸을 얻으려는 생각에
굼벵이는 변하여 매미가 되니
여름 대낮 자유로이 날아
마음껏 길게 나무에 앉아 노래하나니

10
대낮 뜨거운 햇살이 조용히 쉬고 있을 때
벌레는 나비 되고 새는 조개가 되니
낡은 것을 벗고 새 것으로 화신함이여
지옥과 천당 제 스스로 가는 길인 것을

11
모든 아우성이 깊이 가라앉은
대낮의 꿈
그대의 잠 속에 가장 소중한 그리움으로 잠겨 있으니,
사랑이여 깨어나라

12
먼 바다의 끝 아늑한 곳에서
그대 미소는 솟아오르고
뜨락의 꽃잎 지천으로 떨어질 때,
그늘 되어 저승으로 돌아가리

13

바람이나 나뭇잎처럼
목숨을 위하여 흔들고 손짓하라
꽃이나 새처럼
그리움을 위하여 몸으로 울고 있어라

14

손가락 마디마다 맺힌 꿈의 넋이여
대낮의 벼랑에서 곤두박질 쳐서
무간지옥으로 무간지옥으로 떨어지다가
그대와 함께 상품 상생 언덕에 와 있구나

15

돋아나는 들풀처럼 날마다
자라나는 욕망의 늪
그대 가장 소중히 간직한 맑은 샘
잠기고 싶어라 죽음처럼 잠기고 싶어라

16

들판을 걸어가면
우리의 넋을 앞세우고
진실로 죽음의 연습인 것을
천 갈래 햇빛은 뒤따라 모질게 재촉하네

17

만나며 살라가며 사랑하며 죽어가는
모든 추억의 꿈같은 강물이여
그대 잠 속에 묻혀
어디지경 가다가 깨어날 건가

18

살아 있음을 확인하고 깨우치리
별이 뜨기까지는 시간이 남아 있네
하늘의 빈터를 바라볼 수 있으니
그대여 낮달로 머물어 나를 보라

19

어린날의 그대 모습
순하디 순한 머리카락
맑은 피 괴어 있는 살 속의 향기
아름다와라 뼈 속의 불

20

꿈꾸는 대낮처럼 황홀하여라
살의 늪속에 잠긴 긴 잠처럼 다디단
그대와의 오랜 입맞춤
우리를 지켜보던 새는 어디쯤 갔는가

21

마침내 사람도 짐승도 한 가지여라
살이 썩고 뼈가 삭아 흙으로 돌아가서
꽃이나 나무도 다시 자라날진대
차라리 가을숲 햇빛으로 불타고 싶어라

22

맑은 가을하늘 한가로운 구름처럼
그대 꿈이 되었다가 흩어지니
어디지경 헤매다가 늦가을 바람으로
벼랑에 곤두박혀 상처를 다스릴까

23

잘 익은 과일의 빛과 향기로 가득한
그대 살 다디단 맛으로 더해가니
어찌 그대를 잊으리오
더더욱 빛은 노을로 젖어 황홀해가니

24

가을바람도 그대 뼈 속에 잠들고
잠든 바람은 꿈속에 있나니
그대 잠속에 조용히 아주 조용히
못 속의 연꽃처럼 피어났어라

25

그늘 속에 젖어 있는 달맞이꽃
그대 기다리는 밤이면 낮처럼 볼 붉히고
타오르는 가슴 정화수로 식혀
설레는 흔들림을 가라앉히나니

그리움 떠도는 바람 되어

26
저 종소리가 흐르는 바닷가
끝없이 흘러가는 물굽이의 행간
적막한 빈터에서
그대의 돌아옴을 기다리고 있을까

27
가을 대낮 산모퉁이에 던져진
산그늘만한 그대의 마음
그곳에 앉아 붉고 푸른 단풍도 보고
그곳에 누워 맑디맑은 하늘도 볼까

28
안개 자욱한 늦가을 어스름
보일 듯 보일 듯 비치는 살속의 피
퍼내어도 퍼내어도 마르지 않는
그대 눈물의 샘 속이여

29

잠깨었을 때 먼저 떠오르는
눈썹이나 이빨의 빛남이여
새소리 물소리처럼 귓전에 들려오니
불타는 주황색 산벼랑에 박힌 그대의 귀

30

바라보면 한없이 맑은 그대 모습
눈감으면 그윽하고 잠든 티없는 얼굴
그대는 모르리 내가 보았던 살속의 별
솟아 있는 언덕에도 무지개가 떠있고녀

31

내 살과 뼈가 녹아
돌이 될지 몰라
사무치게 그리움이 떠도는 바람
어디로 헤매다가 곤두박질칠까

32
청명한 가을날
하늘을 보는 것은 슬프다
대낮 목 타는 여치소리
그대 가슴에 고여 있고녀

34
눈도 귀도 모두 잊어버렸어요
팔도 손가락도 모두 잘렸어요
오직 목숨의 뿌리 가슴만
그대와 같이 헐떡이고 있어요

35
밤의 심연에 열리는 빛으로
그대 고요한 눈을 뜨게 하소서
그리하여 맑은 꽃이나 향기를 주시고
그대 안에 새 목숨을 점지하소서

33

하늘 아닌 하늘을 바라보다가
땅 아닌 땅을 찾아오다가
천길 웅덩이 무간지옥
뼈는 뼈끼리 엉겨 있음이여

34

눈도 귀도 모두 잊어버렸어요
팔도 손가락도 모두 잘렸어요
오직 목숨의 뿌리 가슴만
그대와 같이 헐떡이고 있어요

35

밤의 심연에 열리는 빛으로
그대 고요한 눈을 뜨게 하소서
그리하여 맑은 꽃이나 향기를 주시고
그대 안에 새 목숨을 점지하소서

36
돌아보면 모두 허망한 것을
저리도록 아파하던 잿빛 꿈이여
언제나 벼랑에서 흐느끼고
그대에게 손짓하던 가을 나무여

37
그대 어디서 잠들고 있느뇨
긴 장마는 멎고 햇빛이 구름 사이로
번뜩번뜩 비치면
죽어서도 깨어나는 꿈을 찾으리

38
열매는 떨어져 꽃이 되고
꽃은 떨어져 어디로 갈까
햇빛은 도망쳐 수미산에 가고
수미산 갈잎은 어디로 갈까

39

그대의 등허리에 잎이 떨어지고
그대의 가슴에 가을이 내리고
서러워라 쓰르라미처럼
나는 울고 있네

40

바람 부는 날 나뭇잎이 흔들리듯
자잘한 기쁨으로 흔들리다가
문득 서러워지는 까닭은
너무 붉게 타는 노을빛 때문이리

41

탐욕스럽던 젊은 날의 피는 모두 녹아
이제 돌아보면 모두 그리워지는 것을
아득한 가을 하늘
저 맑고 푸르게 젖어 있는 그대의 눈

42
언제 다시 돌아가랴
가을 빈 벌판에 날아가는 새 떼
기다리는 나무의 행렬을 뒤에 두고
타는 햇빛에 익어가는 열매여

43
대낮에도 소쩍새 울던 노란 보리밭
땀내와 살내에 엉겨 웃는 미소여
이승은 지옥처럼 살비비고 숨막히는데
그러나 꿀처럼 단 그대 가슴의 불덩이

44
잘 익은 열매의 단맛을 위하여
마지막 타는 해의 숨결을 달래고
그대 몸살 긴 시달림 속에
다디단 노란 오줌 한오끔 지려주려니

45
흩어진 꿈의 조각을 주워
육신을 지탱함이뇨
숲이나 들을 핥고 다니는 바람처럼
영혼의 발자국을 따라가거라

46
개나리가 피었구나
한 가지 소원은 이루어졌고
보랏빛 얼굴이 바람에 밀려가면
그대 가슴에 안기고 안기리

47
어둠은 잘라내고 또 잘라내나니
무성한 숲의 나무를 자르듯
사랑하는 마음 내게 있어도
손톱을 자르듯 잘라 냄이여

48
새벽비 함초롬이 내리던 날은
그대 살내음처럼 풀꽃이 피어 있어
그리움 왈칵 스며옴이여
오늘도 해종일 바람이 부네

49
벌레들의 울음은 아름답지만
하늘까지 들리지 않을 테고
들풀의 냄새가 향기롭지만
사라져 흩어져 간 곳 없나니

50
그대 찾아
새벽길을 달리다가 문득 보이길래
브레이크를 밟았더니
자욱한 안개 속에 개나리만 피었더라

사랑이여 돌아서면 모두 빈 것뿐인 것을

1
그대 입술 언제 대었는지 잊었네
낙엽의 빛깔이었다가 흩어져버린
다시 찾아오는 가을 무지개
언덕에 올라 바라보면 아득한 능선

2
나뭇잎새도 새들의 노래를 듣고
앙상한 가지도 하늘을 찌르나니
마지막 매달린 뜨거운 열매
그대 살 속에 고인 단물이고녀

3
쓸쓸한 묘지도 잠들고
억센 잔디도 잿빛을 감추었으니
살과 뼈는 녹아 흙으로 되었나
그대 넋은 별되어 하늘에 빛나는지

4
잘 익은 과실 달디단 그대의 혀
끓는 가을 햇빛 그대의 몸
바위 틈새 가르고 흘러나는 찬 땀
조이고 조여도 한오큼 지려논 살물이고녀

5
내 팔에 안긴 그대의 눈썹
바람 되어 떠난 슬픔이었네
내 등에 꽂힌 그대의 손톱
이승의 온갖 아픈 흔적이었네

6
벌거벗은 나무는 온몸으로
흐느끼며 손짓하며 오라오라 하고
꺾어질 듯 휘어질 듯 나를 잡으니
허리띠 풀듯 바람처럼 그대 감싸리

7

옷을 벗는 어둠이여
붙잡아도 빠져가는 바다의 몸짓
짠 소금되어 남아 있으리
그대 눈물만큼 남아 있으리

8

연기는 어둠인가 저녁 어스름인가
그대 목숨 어디 숨었길래
밤마다 별빛으로 눈 떠 찾을까
못 견딘 번개는 크게 눈 떠 찾을까

9

골목길로 접어든 그대의 손금
어디지경 가다가 목숨 끊길까
죽을 때는 가을 맑은 해진 저녁이 좋아
들판의 새 떼가 숲속에 갈 때

10

저녁이면 저녁 물빛이 고이네
그대 얼굴도 아득해지고
물에 고인 달빛도 눈 감으니
나도 눈 감고 그대와 하나가 되리

11

하늘로 덩실 떠오른 기쁨이여
그대와 만나 한 몸이 되어
찬 겨울에 더운 몸을 안을 수 있으니
하늘과 땅이 포근해지는고녀

12

뼈는 뼈끼리 살은 살끼리 되돌아가리
조그만 인연으로 서러워지는가
전생의 몸짓들이 되돌아 와
오늘 저녁 찬서리로 뒤덮이는가

13
새로 태어난다면
엄동에 피어난 붉은 꽃으로
얼어붙은 눈도 녹이고
욕망으로 들끓는 피도 녹여 주리니

14
밤새 내린 눈으로 하얀 세상
황홀한 빛의 반짝이는 꿈조각
지난날 죄지은 더러운 것들을
모두 덮어 감싸안은 겨울 아침

15
모두 용서하리 모두 갚아주리
모든 것은 내 탓이요 내 잘못이었으니
그대의 불기운도 모두 받아주리
마지막 다다른 겨울벼랑에 서서

16
진실로 아니로다 나의 사랑이
허망한 입술로 그대의 혀를
다디달게 빨았는지 몰라
한순간 다디단 황홀을 위해

17
저녁 별처럼 보이다가 보이지 않는
그래 눈빛이 겨울 볕처럼 더워졌다
이내 식어지는 안타까운 사랑
짧고 어린 이승의 겨울 뜨락

18
옛날 아주 어렸을 적 겨울 저녁
그대는 이승에 태어났는지 몰라
문득 밤하늘에 빛나는 별
그 눈꼬리가 그대와 꼭 같아

19

물거품처럼 물거품처럼
피어오르다 스러져버리는 슬픈 것아
육신의 매디매디에 감겼다 스러지는
겨울 햇빛 그 순간의 뜨거운 여울

20

아무래도 저녁나절이면
어둠의 품으로 돌아가게 마련인데
홀로 사랑하다가 넋을 태우는
그대 별로 하늘에 남았어라

21

아픈 몸이 되어 아픔을 달래는구나
늘 몸이 아프고 마음이 아파도
오십이 지나 맑지 않은 넋의 뼈
그래도 그대의 삭신을 달래는구나

22

겨울저녁 무엇 때문에 나혼자 나와
그대의 슬픔을 찾고 있느뇨
걱정스런 어둠이 깔리기 시작하면
우습고 계면쩍은 우리 삶이 잠들까

23

겨울밤 하늘에 별이 떠도
멀리서 개 짖고 종소리 들려도
뜰에는 애달픈 금잔화가 진대도
그대여 슬프고 외로워도 서둘지 말자

24

그대의 진실을 믿지 않는 것은 아니지만
지금 또 그대의 다디단 혀 거짓이구나
사랑이여 돌아서면 모두 빈 것뿐인 것을
오로지 남는 것은 하늘에 박힌 별뿐이리

25

꿈을 다시 생각 할 필요가 없구나
그러나 이 밤 눈은 내리고
그대 대신 살아 움직이는
아픈 참 속에 흔들어 깨운 넋이 있고녀

모두 잠들었을 때

26
날아가는 새같이 가볍게
하늘 속을 비상하나니
그대여 잠시 멈출까
목숨의 휴식을 위하여

27
새로움을 찾기 위해 이미 죽어간
모든 넋을 찾아 헤매고 있음이여
죽음보다 더 잊을 수 있는
살아서 불태운 그대의 숨결

28
어둠 속에서 찾는 것은 영혼의 불빛
어둠 속에서 잊는 것은 꿈의 황홀
슬픈 육체는 고단하게
가난한 삶의 지나간 흔적이여

29

절망은 바람처럼 먼 곳에서 오네
겨울이 겨울을 탓하듯
여름이 여름을 밀어낼 때
절망은 다시 비로 하여 우리를 적시네

30

더러운 것을 더 사랑할 줄 몰랐네
차고 빈 것을 더 그리워할 줄 몰랐네
그러나 가득한 것보다는 빈 것을
그대는 채워줄 햇빛이고나

31

어둠이 두껍게 깔린 날은
별들이 더 크게 눈뜨고 있겠지
그대 얼어붙은 땅을 굽어보며
가버린 사랑을 찾고 있겠지

32

바람은 잠들지 않고 몰려다니며
누구나의 창문을 두드리고
병든 영혼을 달래고 있지만
그대도 바람 되어 내 창가에 머무느뇨

33

다시 바람은 끊어졌다 이어지는
산의 능선을 기어오르고
솟았다가 이내 떨어지는 계곡으로
곤두박질치며 그대를 찾고 있느뇨

34

그 날 밤 식구들은 모두 잠들었을 때
꿈에서 홀로 깨어 어린 시절
친구들과 냇가의 모래에서 장난질 치며
그대도 발가벗고 배꼽을 마주했지

35

하늘 속을 나는 한 마리 새
어느 지경 날다가 돌아오는가
오늘도 꼭 그 자리에 돌아와
그대가 들을 만큼 지저귀는가

36

어둠 속에서 슬픔 속에서 겨울비는
기쁨과 그리움을 적시고 있나니
그대 눈물은 아침 이슬로
다시 햇빛의 여울 속으로 사라져 가라

37

어둠은 썰물처럼 밀어닥치고
목숨은 갈잎같이 흩어진다 한들
눈감아도 환한 그대의 흰 이
햇살로 빛나거라 번개로 타거라

38

그대는 저승까지 소중한 사람임을
어찌 누구에게 말씀으로 다하랴
백 년이나 천 년이 지난다면
그때는 사랑도 돌로나 남아 있을까

39

겨울비는 내리고 또 내려 뿌리까지
스미고 또 스며 옴이여
그대의 살 아무데고 적셔주고 있으니
머리고 가슴이고 살속에 또 혼속에

40

저녁이면 마음이 달라지겠지
멀리 불빛도 보이고 별도 돋아나니
잃어버린 아침을 슬퍼하겠지
그러나 다시 타는 그대의 눈빛

41
그대 눈앞에 마주할 때는
한마디 못한 고마운 말씀
그러나 아무도 없을 때
홀로 눈물이 솟구치는 뜨거움이 오네

42
해는 땅에 박혀도 다시 하늘에
솟아오르고 어둠은 밀려
밝음이 오나니
그대여 돌아와 마주서라

43
그대의 살과 뼈는 흙속에 묻힌다 해도
다시 비집고 꽃으로 싹터 옴이여
살과 살이 엉겨 흥건히 고인 땀
이제 다시 숲속의 엉겅퀴로다

44
들판 아무데서나 쉽게 만나는
들꽃을 보라
황량한 겨울엔 잎조차 없어도
봄이면 다투듯 눈 뜨고 반기니

45
그대의 모습을 보여 달라
그대의 뜨거운 속을 보여 달라
덥고 포근한 사랑이 담긴
그대의 조그만 그것을 보여달라

46
하늘을 향해 엎드린 그대의 등
흐느끼는 머리카락 사이로
긴 외로움이 흘러내리면
어둠 속 여린 빛깔이 어우러지네

47
사랑은 가버리고 진눈깨비만
남아 흘러내리는 차가운 들판
그래도 맑고 순한 햇살은 내려
풀잎을 적시고 있고녀

48
먼 산을 보며 이미 달아난
나비나 새들의 날개 그늘 사이
거대한 절망의 늪으로 빠져든다 해도
한 순간 빛나는 물방울로 살아나리

49
모두 잃어버린 이름이 되어도
그대가 벗어던진 껍질만이라도
여기저기 흩어져 있는 이승에선
가끔 번개라도 노여워 울부짖고 있네

50

줄기차게 쏟아지는 빗줄기는
온종일 그대의 머리를 적셔도
벌거벗은 몸뚱아리 모조리 적셔도
하늘을 받혀 젖지 않는 조그만 넋이여

고향에 와서

내가 어렸을 적
뛰놀던 고향 텃밭
아무데나 널려 피었던 들꽃
그 꽃의 이름은 모르나
노랗고 빨갛고 푸른 무지갯빛이었네

어머니의 눈물이 고인
아버지의 기침이 배인
할머니의 자상한 음성
할아버지의 긴 수염처럼 휘날리는
다슷한 햇빛이 있었네

그 대낮
간절한 뻐꾸기 울음 간 데 없고
황막한 비닐하우스의 빈 꿈속
텃밭으로 트인 아스팔트
바퀴에 깔려
산새 하나 피 흘리며 스러져 있네

유월 소나기

어지러이 쏟아지는
유월 소나기

더러운 흙먼지에 오염된 채
악성 핵 구름에 시달린 채

산성 빗방울로 얼룩져
괴로움을 당하나니

맑은 강이 흐려지고
푸른 산이 얼룩져

산새나 들벌레가
두통으로 신음하나니

아! 뭉개져 주저앉을
눈물로 뒤엉킨 유월 소나기

屯山 둔산 에 와서

둔산에 와서
나는 내 나이를 생각했네
저마다 솟은 고층 건물의 숲
돌아보아도 푸른 산봉우리
시원한 들녘 보이지 않고
시멘트 모서리에 엉겨 있는
견고한 고독이 서려 있을 뿐

박람회가 열리고
정부청사 기공식이 시작되고
바둑판처럼 도로가 정비되고
갑천에선 밤마다 축제의 불꽃
밤하늘을 수놓는데
오랜 세월 뒤 이곳이 폐허화된
로마의 궁전쯤으로 생각되네

오늘은 오늘뿐인가, 내일과 내일의 끝
시멘트나 금속성

사람의 모습, 짐승의 모습, 어떻게 달라질까
나는 무엇이 될까
어둠에 젖어드는 불빛처럼
헛된 꿈의 바람이 하늘로
바다로 날아갈 것이리

나는 태어난 이후
다섯 번째 이사로
버릴 것은 어지간히 버렸는데
아직도 버리지 못하는 몇 가지를
둔산에 들고 와서
내 머리를 괴롭히고
내 손을 무겁게 하고 있음이여

4부

산 위에서

새벽
산책길에 나서면
산속의 신선한 내음과
이름 모를 새들이 어우러져 있고

아침에 수레바퀴를 밀고
가난한 이웃이나
바쁜 몸짓이나 몸놀림 속에
점점 도심으로 확산되어
저 변두리로 줄무늬치며 달리나니

그래서 바다에는
그 많은 사람의 혼이 출렁이는 것일까
그러나 지금 내가
이 산 위에 있어도
땅의 깊은 곳에서
언제 불길같이 死者 사자 의 넋이 솟아날지 몰라

감을 바라보며

어려서부터
긴 세월 바라보던
감알 하나

친숙할 만큼
오랜 나이가 흘러
너의 속을 다 알것다만

푸른빛에서 노란빛으로 바뀌는 순간
고 애타는 마음
이 가을에 알 것 같구나

빈 침대를 바라보며

응급실에서
옆에 누웠던 친구
이름도 얼굴도 모르지만
그 가족들이 그와 같이 울며 가는 것을 보니
그 친구는 이승을 떠난 모양이다

그 침대에
또 다른 친구가 들어온다
링거도 꽂고 가족과 이야길 하며
입원실로 올라간다

한 침대에서도
삶과 죽음이 계속
엇갈리는 밤과 낮
빈 침대에는 장미와 라일락
두 송이가 놓여 있다

모과나무

언제부터인가
너는 절규하고 있었다
낮이나 밤이나
제 자리를 지키고 있었음을
새가 날아와 알려주었을 뿐이다.

비바람이 세차게 부는 날
너는 송두리째
흔들리고 있었다
발이 땅에 묻혀 있음을
너는 모르기 때문이다

새 날을 위하여

어깨를 기댄 채
잠든 들풀을 보라
얼마나 조용한 모습인가
찬 서리 내려
참기 어려웁다 하여도
서로 알몸을 의지한 채
포근히 새봄을 위하여
참고 견디는 힘이 있거늘

못사는 나라의 백성들아
굶어 죽어가는 것은 아니어니
모래나 자갈밭
노랗게 말라가는 것은
더구나 아니어니
등 돌려 외면한 채 서로 욕질 말고
푸른 하늘 아래 더 튼튼한 햇빛으로
새싹이 터지는 힘을 보아라

산을 바라보며

하루에도 몇 번
나와 마주치는 앞산
그러나 비로소
그대의 푸른 정기와
우람한 얼굴을 보았네
아주 조용하면서
의젓하게 앉아 있는
그대를 보았네
아주 조용하면서
의젓하게 앉아 있는
그대를 보았네
耳順 이순 에 접어들어
이리저리 뛰면서
눈앞에 있는 것들만 보다가
이제 비로소
그대의 눈과 마주하였나니
아!
여래같은 미소로

나에게 타오르듯
천년의 꿈
쌓인 말씀을 들려 주었네

돌아온 새

저녁이면
돌아온 새를 본다

마당 한 귀퉁이에서
서성거리다가

저 쪽 가지에서
이 쪽으로 날아온 새

몇 해 동안
내 옆을 떠나지 않고 맴도는 새

날아갈 듯
떠나지 않고 두리번거리는

날개를 활짝 폈다
다시 접는 새

그러다가
밤이 오면 어디론가 숨는 새를 본다

감나무 아래서

청년시절 아버지가 친구들과 어울려
감나무 아래서 약주를 나누며 담소하던 모습
노을처럼 서산에 번지고 있었다. 그들의
진지한 말씀 알아들을 수 없지만, 昭和 소화 30년
절박한 상황인 듯 그들의 눈빛은 타고 있었다.
그들이 떠난 뒤 아버지는 어린 나에게 술잔을
건네며 술은 과음하면 안 되지만 한두 잔은
하여야 하느니 제 분수를 알고 족할 줄 알아야 하느니라
사람은 어질어야 하느니 봄날같이 다사롭게 행동할지며
사람과 더불어 앞서려 하지 말아야 마음이 항상 고요하고
공을 위하고 사를 없애야 꿈에서조차 한가로우니라. 가끔
산소에 들러 참배하고 풀냄새를 맡도록 하여라. 삶이란
흐르는 시내같이 어디론가 가버리니 촌음을 아끼거라
밤하늘 감나무 아래서 아버지 말씀은 어둠에 잠겨들고
별빛은 하나둘 더 빛나고 있었다

아침 눈발 속에

하늘의 숲 가득히 살아 숨쉬는
햇빛은 여울져 흐르고
산새 깨어나 노래 부르나니
간밤, 흰눈이 어둠을 멀리한 채
눈부신 물살 강을 이루고
그리움은 쌓여 흐르리
천파만파 빛나는 아침
하늘이 내려주신 갈대밭
서로를 의지한 채
손잡고 춤추며 기쁨을 나누리
아! 뿌리를 땅에 묻은 채
다시 일어서는 저 맑은 풀잎들
어서 따라오라고 소리치는
아침 눈발 속에 내가 서 있네

겨울산에 들어가며

어린시절
참나무 소나무 우거진 숲
바람소리 세차게 윙윙거리는
하늘의 틈새 하얀 햇빛 쏟아지는
겨울산에 들어가나니
멀리 파도소리
멀리 바람소리
멀리 개 짖는 소리
멀리 산새 날아간
이 기막힌 순간의 산소리
어린 시절 뉘에게 말할 수 있으랴
나뭇잎이 우수수 쏟아진
빈 가지에 걸려있는 회색빛 하늘
겨울산 깊이 들어서면
갈수록 더욱 크게 눈을 뜨고
산짐승의 놀라운 울음만
깔려 있구나
이제사 네 눈처럼
뚜렷이 떠있는 달아

봄 뜰 앞에서

아승기겁 지난 뒤
이 뜰에 봄이 오면
풀들은 제 모습대로
무성하게 솟아나겠지

모든 발자국 끊긴 밤
모든 새벽의 눈들이
다가오는 하늘 끝
저마다 창을 여는 수선거림 속에서

기막힌 빛깔을 내며
질경이, 냉이, 자운영
꽃밥이나 꽃뿌리 구름과 얼려
바람과 함께 눕겠지

아 이승에 남긴 흔적
바람에 날아간 깃털처럼
나도 쬐그만 풀씨로 남아
어느 하늘 날아다닐까

장백의 山頂 산정 에서

비와 바람
안개와 구름으로 가리운 영험스런 봉우리
햇빛이 보이다가 이내 구름으로
뒤덮인 분노의 눈빛
돌 하나 흙 한 줌 앙상한 한 가지에 나무에도
섭섭함이 서린 듯
깊고 깊은 거대한 물빛 어둠 속에 묻힌다
참으로 장엄한 침묵의 몸짓
신이 품은 노여운 서슬이 감돈다
나를 꾸짖는 듯 보드라운 번개를 뿌린다
너무 큰 기막힌 슬픔
하늘을 검게 물들인다
바람 한 점 지나는 사이
구천에서 솟아난 한 가닥 빗줄기
환히 산의 이마를 번쩍 비친다

여름 까마귀

너와 가까이 한 적이 없는
슬픈 목소리 까아아욱
그러나 영특하고 뚜렷한
이 방의 새여
기름을 바른 듯 검다 못해
금빛 나는 날개를 접고
우람한 느티나무 가지에 앉아
멀리 보이는 등대를 향해
까욱 외마디 소리
또 다른 가지에 옮겨 앉는다.

지평선을 붉게 물들이며
느슨한 구름이 허리를 감는다
너의 뼈 속에서
살갗을 뚫고 우러나오는
영혼을 부르는 목소리
다시 돌아와
내 귓전에 깊이 고인 채

나의 아픈 창자를 돌아
내 앞에 주저앉는다

매미는 나를 찾아다니며 운다

매미는 여름 속을 헤집고 다니며 운다
매미는 날아간 새의 향방을 뒤쫓아 다니며 운다
매미는 절간의 뒷뜰 떡갈나무를 찾아다니며 운다
매미는 공회당 벽보 고시문을 찾아다니며 운다
매미는 공사장 인부를 찾아다니며 운다
매미는 한달 내내 나를 찾아다니며 운다

해 질 무렵

노을이 하늘에 깔려
붉고 푸른 띠를 두르고
호수는 저만치 한가롭네

잠든 물결
날아든 백조
멀리 날개를 펴네

바람은 가도
시간은 한 곳에
머무는 건가

모두 떠난 자리
아득한 고요
나는 별자리를 찾아 이곳에 왔네

오늘의 자화상

암 그렇지
많이 다녔지, 하늘로
바다로, 숱한 길을 따라

그려!
많이 마셨지
술과 물, 몇 섬지기
논밭을 적실만큼

그렇다 말고
아름다움을 찾아
숲을 누비고 계곡에 올라 보았지

그런데 웬일이여
내 몸 한 구석에 남아있는 것은
한 가닥의 담배연기와
더러운 가래나 먼지가 남아있을 뿐인가

山水圖 산수도

멀리 하늘과 맞닿은 산의 능선
푸르름과 주황빛이 어우러져 있다.
금새 번개라도 칠 양이면
산은 우르르 모여 세상을 걱정한다.

저 많은 산이 어디서 모여 왔나
들판을 달려온 거친 숨결 속에서도
의젓한 선비처럼 무릎을 맞대고
甲論 갑론 乙駁 을박 세상을 걱정한다

마침내 옳은 결론은 얻어내면
제각기 제 갈길로 흩어진다.
그들이 모였던 이 자리에는
강이 누워 찬란한 별빛을 담는다

가랑잎에 대하여

한 잎 두 잎 떨어져
어디론가 가버린 마른 나뭇잎
그 행방은 알 수 없어도
저항할 수 없도록 가볍게
바람과 함께 제자리에 주저앉는다
지난날 푸른 나뭇가지에 매달려
세찬 비바람 속에서도 튼튼히 버텨온 억센 잎새
아침과 황혼의 햇빛과 노을 속에
그 푸름은 간데없고 누런 껍질로
망가져가는 손과 발 그리고 갈라진 살갗
이제는 모든 인연을 끊고
온 몸으로 뒹굴며 날아가는 우수의 잎새
그렇고 말고 섭섭다 하지 말고
사무치다 하지 말고
훌훌히 떠나거라
늦겨울 찬바람 속에 가벼운 날개만 달고
황홀한 달빛 속에 가지와 줄기에서
그리운 인연을 잘라내라

귀

그대가 가진 것 중 제일 잘생긴 것이
미소 짓는 귀다 했지
세존의 인자한 귓불
조용히 있으면 모든 것을 들을 수 있잖아
저 고요한 산속의 새벽바람 소리까지
어두울수록 더 잘 열리는 귀
무간지옥 한가운데를 지나
나무뿌리가 서로 엉기는 소리까지
산속 바위 그 속에 엎드린 귀
나는 귓속의 그 소리를 듣고 싶다

귀향

지난날 소년이던 네가
지금은 노년이 되어
손주들과 그네를 탄다
나는 할아비가 되고 외조부가 되어
어슴푸레 낮달처럼
안산으로 숨는다
부침개 냄새, 술 냄새,
지방은 향불처럼 타고 있다
구멍난 창호지의 틈 사이로
저승 위 조모나 백모의 눈사위가 보인다
절도 받고, 절도 하고, 생면도 하고
고향집 밤나무 가지 끝에
가을 까치가 깍깍 깍깍 짖어댄다
반가워 이슬같은 눈물을 담는다
나는 나의 지난 시간을 송두리째
거기에 두고 온다

5부

그 날의 꿈

나는 잠들면 진흙 속을 누비는 개미가 된다. 공주 중학동 골목 안에는 별 아래 잠든 옹기들이 모여 앉아 육이오나 팔이오를 돌팍으로 깬다. 뜨거운 프라이팬에 기름을 부어 넣듯 지지고 볶고 봉인된 안전대가 끊어지며 튀어나온 가스처럼 총성과 아우성이 밀어 닥친다. 부산으로 마산으로 심장을 떼어 놓고 발바닥에 불을 밝혀 바다로 향한다.

지금은 흔적도 없는 영주동 판잣집, 바람도 낡고 긴 뱃고동이 울릴 뿐이다. 햇살 가득한 날 어머니의 유똥치마 무늬마냥 언덕에 펄럭이는 빨랫줄. 뒤꼍에 숨어 핀 질경이 꽃처럼 너흘대며 웃고 있다.

그림자

내 팔의 길이만큼
더 너를 포옹하지 못한다

밖은 눈이 내리고
빗발이 퍼붓는다 하여도

내 키의 그늘만큼
더 나를 가리지 못한다

불붙는 햇살, 목말라
풀잎이 타든다 하여도

내 가슴의 눈물만큼
더 너를 적시지 못한다

황홀히 눈감아
몸부림친다 하여도

나의 입과 귀
너의 손과 발

그대로 모래밭에 남는다 하여도
이승의 햇빛은 눈부실 것가

금강보에 와서

사실 종지부를 찍는다는 것은
열매가 땅으로 떨어지는 순간의 소리와 같아
툭 하는 몸짓에 지나지 않지만
그 순간 바람의 파동은 물살을 만들 수 있나니

물로 영원히 산다는 사실에
수긍하는 기도나 믿음이 있을지라도
우리를 붙들고 있고 그것을 믿어
서로 눈물도 흘리고 손도 잡아보지만
오히려 커다란 망각의 굴레에
바람과 흙의 만남처럼 갈라질지 몰라

폐허와 먼지와 긴 모래사장의
밤과 낮 끝없는 되풀이 속에
한 알의 모래 속에 숨어 있다가
밤하늘의 뭇별 속에 숨어 있다가

어느 순간 보일 듯 없어지는
허망한 것이 아니드뇨
마침내 강으로 흘러 바다에 가고
강에서 만난 거센 파도 앞에서 서서히
하늘에 올라 이승을 내려다보는 것 이뇨
흐르고 멈추고 솟고 흐트러짐이
우리가 가는 길이 아니드뇨

나비 날다

들꽃 허전하게 피어오르고
꽃잎 보랏빛으로 웃고 있는데
흰나비 날아와 날갯짓 한다
벌써 한 달이 지났구나
서러워 못 견딘 시간이 지나고
외로워 못다 한 사연 땅에 묻다
정오의 열기가 흙속에 스며들 때
끝내 못 견뎌
바람으로 빛으로 안개처럼 피어올라
내 곁을 맴돌며
찢긴 흰 종이조각으로
훨훨 날고 있구나
먼 하늘 가득 채워주는
너의 조용한 춤사위는 반복되며
이승의 고뇌를 뛰어 넘고 있구나

나의 하늘

여든이 지나면 즐겁다 슬프다 말하지 마라
눈물은 매운 연기 때문이지 가슴이 시려서가 아니냐
잡풀 같은 수염은 허옇게 시들고
정강이 마른 뼈마디가 시리구나
안개같이 번져오는 번뇌의 물결
새벽의 되어서야 서산으로 물러서니
어찌 종심從心이라 일컫는가
해 저문 노을 끝자락에서
입 눈 코 살의 구멍 밖으로
모조리 빠져나간 돌부처인 양
길 한 모퉁이에 서 있을까
아니 오랜 나무뿌리의 구덕에 고인
빗물이듯 밤하늘의 별무리나 기다릴까

눈이 내리는 오후

창 밖에 우수를 뿌린다
흐느끼는 몸짓으로 다가온다
누구에게나 구석구석 주름이 더해가듯
어둠이 쌓이고 밝음이 뒷걸음친다
흰 눈은 이웃과 창문 사이 수북이 쌓여
자동차 바퀴 속에 기절한다.
허기진 작은 새의 눈망울에 부딪친다.
작은 새의 눈물이 되어 전신주에 앉아
퇴색된 시멘트 갈라진 틈 속에서
죽은 듯 잠잘 수 있지만
황홀한 아픔과 슬픔이 스밀 때
작은 새들은 다시 동네 공원으로 모여든다
죽는 것이 사는 것이라곤 하지만
있는 것이 없는 것이라곤 하지만
하루 종일 바퀴 밑에 주저앉아 염불한다
반야바라밀

철없는 바퀴는 굴러 목숨을 앗아가고
쥐고 있는 목숨의 끈을 맥없이 놓고 만다
안개 속에서 흐느끼는 눈의 몸짓
아직도 목캔디나 은단은 남아있고
늑골 밑에 흐르는 물은 차다
그래도 맑은 물은 무욕의 순수인가
죽음이 부르는 허기진 목소리
돌 밑에 흐르는 우리의 회한
붉은 띠를 두르고 아우성치고
노란 띠를 두르고 성토하며
난장판 회의장에 안경은 떨어져
무효가 아니라고 외쳐댄다.
눈은 볼에 닿을수록 더워진다
어차피 피자같은
구수한 냄새 속에 우리의 창가에
머뭇거리며 죽음의 빈 터널을 지나
겨울 창밖에 우수를 뿌린다

물에 대하여

물은 살아 있고 또 죽는다
물은 있다가 또 없다
물은 서 있고 또 눕는다
물은 오르고 또 바닥에 스민다
물은 편을 가르고 또 하나가 된다
물은 이쪽과 저쪽으로 나뉘어 간다
물은 마침내 땅에 묻히고 하늘에 오른다
물은 마침내 내가 되고 모두 하늘이 된다

봄 햇살

새에게
나무에게
들판에게
사월의 햇살은 내려와 앉아
속삭이듯 말한다

너무 서두르지 마라
천천히 말하라
쉬 잎이 파랗게 될 거라
쉬 꽃이 돋아 날거라
쉬 편안해질 거라고

불멸의 밤

달이 구름 속에 헤매고 있다
구름 속에 숨어있는 너를 찾아
헤매어도 끝내 보이지 않고
나뭇잎새 사이로 숨어 버린다

숲속에 잠겨있는 너의 뒷모습이라도
쫓아가 잡아보고 싶다만
나뭇가지와 들풀이 엉겨
그림자만 어슴푸레 비칠 뿐

봄 밤 슬피 우는 풀벌레의 간절한 흐느낌
달빛 속에 흔들려 부서진 여울 따라
가늘고 길게 뒤따르고 있을 뿐
간데없이 어디론가 사라질 뿐이다

마침내 달은 뜬눈으로
어디지경 헤매다가
끝내 묻혀있는 옹달샘 속을 찾아
살며시 누워 있을 뿐인가

숯이 되어

붉은 불가마에 담가 검은 뼈로 태어난다는 것은
불타는 욕망을 송두리째 뽑아냈기 때문이리
모든 것을 소멸하고 비워 낸다는 것은
끝내 남아있는 찌꺼기를 사리어 냈기 때문 이리

꽃이 땅에 내려앉는다는 것은
숨겨둔 목숨을 못 잊어 되풀이 하는 몸짓
그 마지막 몸부림일진대

행여 다시 살아남기 위한
고독한 휴식인지 몰라
나도 숯이 되어 다시 살아날 채비를 위해
오랜 고요 속에 묻힐
진정한 뼈의 사리를 찾기 위함인가

오랜 우물 곁에서

꽃은 올해도 이 땅엔 흐드러지게 피었습니다
할아버지께서 손수 상량하시고 대들보를 얹은
안채, 사랑채, 행랑채 모두 서까래는 성하고
손수 심으신 측백나무, 대추나무, 감나무도
파란 잎이 무성합니다
안산을 바라보며 시조를 읊은 사랑채 툇마루
더러 마디가 빠져 있으나 앉으시던 자리의
나뭇결은 분명하게 내 천자나 뫼 산자를
각인한 듯합니다
텃밭에 자란 들풀이나 푸성귀는 정갈합니다

손수 파놓은 우물은 푸른 하늘의 파도였고
걱정 없는 갈매기 떼, 바다의 춤이었습니다
청청한 산새가 되어 날아가고
다시 산 밑으로 돌아와 이웃의 허물을
용서하였습니다
나는 가끔 산을 보며
풀을 보며 우물 속에 박힌 별을 봅니다

바람이 지날 때마다 휘날리는 할아버지의 흰 수염
때론 반짝거리는 나뭇잎이나
내려 쏟아지는 햇빛과 함께
어둠 속에 고즈넉이 잠든
당신을 봅니다

오랜 느티나무

햇빛이 유리잔 속에 침몰한다
잠 못 이룬 어린 새와 나란히
여울처럼 마침내 세월은 간다
동네 공원 마당에 서 있는
오랜 느티나무는 무성하던 이파리 떨어지고
먼 하늘을 보고 홀로 밤의 고요를 새긴다.
목숨이 다해 가는지 한 가지마다 무너진다
바람이 지날 때마다 손짓하는
사람다운 흔들림은 아직 남아 있어
서럽게 온몸이 병들어 있는지 몰라
지금 있는 하늘의 별은 알고 있는지 몰라
바람이 불어도 미동하지 마라
더 버티거라 푸른 하늘을 가슴에 품어라
홀로 슬프디 슬픈 너의 뿌리를
아득한 땅 속에 깊이깊이 거느리거라
황혼은 고요하다 그러나 그러나
어디서 날아왔는지 까치 한 쌍이
가지 끝에 새 날을 설계한다

작은 유산

이제 너에게 줄 아무것도 없다
이것저것 챙겨보았지만 하찮은 도자기
그림 몇 장과 내 이름이 새겨진 빛바랜
책 몇 권일 뿐이다
그 날 약간의 취기 때문인지 알 수 없어도
울먹이는 목소리로 너의 이름을 불렀던 일
더 참고 견뎌야 할 것을 마침내 잊고
말았구나
나는 항상 아버지의 초상을 옆에 두고
아침 저녁으로 그 분의 말씀을 듣고 지낸다
참으로 참는 것이 무엇인가를
참으로 꿈에서조차 마음이 고요해지는 것이
무엇인가를 그 분의 눈빛에서 읽고 있다
너에게 줄 아무것도 없지만
내가 물려받은 돋보기와 박달나무 염주
필사본 반야심경 붓과 단계석벼루
이것들을 고스란히 너에게 물려주마

저녁 난간에 기대어

석양의 새는 숲에서 내려와
마을을 한 바퀴 돌며 짝지어 날아온다
무인 등대에서 내뿜는 불빛같이
저녁하늘의 노란 빛줄기 국화 속에 묻힌다
날은 저물고 희미해지는데
밝은 시를 남기려 애써보지만
가랑잎처럼 바스락거릴 뿐
애써 넘어가는 햇빛을 잡아당길 뿐이다
빈 것 속에서 가득한 것을 찾아
바람 속을 헤맨 지난 꿈의 열매
찌... 찌... 벌레는 길게 울고
가랑잎 하나 낙하하는 순간
한 줌 남아 있는 햇살의 줄기를 찾아
오늘도 안경을 닦는다.

저녁을 위한 명상

어찌 기도뿐이랴
마침내 고향에 돌아가
나는 너에게 손이 될까 부다
나의 임종이 날씨를 점친들 무엇하랴
하늘에 솟구치는 새도
절망의 낙하를 짜릿하게 느껴도
두 날개를 펴지 않아도 바람에 스친다
문을 닫지 않아도 열리게 마련
밤의 노래는 아침을 마신 빈 잔의 허무인가
어찌 나를 너와 견주랴
내 하늘의 환한 어느 곳
구름의 뼈 아름다히 아름다히
흩어진 神신은 내 앞에 서 있다

죽음을 말한다

믿기지 않아 정말 믿기지 않아
나이는 숫자에 불과하다 했잖아
하지만 너무 오랫동안 자리를 차지했나 보아
얼른 자리를 내주어야 다음 사람이 앉지
아무데나 흩어져 있는 죽음들
그것들을 우습게 보고 있잖아
어제와 같은 넥타이를 매고
설록차 만수를 마시며
때로는 상주에게 농담도 걸며
죽음은 낯선 잔치가 아니라 친화의 축제
서슴없이 소주잔을 기울이나 보아
먹다 남은 과일 접시처럼
여기저기 포개져 있기도 하고
때로는 위로도 했잖아
앞서거니 뒤서거니
선착장에 도착하여 순서대로 내려서듯
죽음은 서로의 손을 잡고 가볍게 이끌었어
참으로 오랫동안 옷도 갈아입고

상처도 덮었잖아
죽음이 앞에 와도 발길질로 차버리고
나는 새 옷을 맞추어 입었잖아.

콩새의 여행

잔잔한 나무들이 서로 엉겨 손잡는 숲
참으로 그 고요가 나는 좋았다
맑게 흐르는 시냇물 작은 물고기 한데 어울려
헤엄치고 한가로운 구름이 개울 속에 들어와
조용히 숨쉬는 그곳이 나는 좋았다.

언제부터인지 나는 이곳을 떠나
매연에 시달린 나무들이 늘어선 큰 길
길 따라 가보았더니 황사는 뒤덮였고
매콤한 겨울바람이 매섭더라
다시 돌아갈 수 없는 기억 속에 파묻혀
가능한 모든 귀환의 꿈을 위해
날아보지만 세월의 흔적을 찾을 길 없다
이미 회복할 수 없는 상황이
깊숙이 내부에 박혀 있기 때문이다
나는 그냥 내 곁에 놓인 것을
버려둔 채, 다시 숲으로 떠날 준비를 한다

콩새의 울음소리

세상을 하직하고
풀꽃이 되어버린 사람에게
물을 뿌린다

그대는 참으로 목말라 했다.
갈증이 날 때마다
밤과 별을 담근 술을 뿌린다

대전 천변 잡초 우거진
하천 부지의 풀섶
여치 땅개미도 잠들었다.

그곳엔 가버린 사랑의
소리가 난다
더욱 가슴으로 울어대는 콩새의 울음소리

틈새

물결은 틈새를 찾아든다
기울어진 햇살이 땅에 스며들 때
어둠이 몽땅 세상을 지탱하듯
빛과 그림자의 경계를 허물었다
틈새는 어디고 서서 버티었지만
우리의 삶을 뒤쫓는
죽음이 아주 조용조용 재촉할 뿐
우리들은 서로의 손을 놓을 수밖에 없다
언어의 의미가 사물에 불과하다는 것을
여든이 넘어서야 깨닫는 아침이다

혀

그냥 맛만 보지
뭣 하러 지껄여
세 치 혀가 사람을 죽이더라
혀는 칼인가
그것을 낼름거려
지옥으로 떨어지나니
한 치 앞을 보지 못하는
혀는 왜 놀려

□ 나의 詩, 나의 詩論

내가 시를 쓸 때

인식의 거미줄

나는 시를 쓴 이래 특별한 방법을 창안하여 詩作 시작 의 비결을 삼고자 한 적이 없다. 더구나 무슨 비방을 가지고 있지도 않다. 때문에 언제나 시를 쓴다는 사실이 처음 시도하는 일처럼 생소하고 약간은 흥분마저 느껴지며 두려움까지 생긴다.

나는 시를 쓰는 일이 이 지구상에서 가장 귀중한 일이며, 어떤 재미나는 일보다 더욱 재미나고 신나는 일이라는 것을 머릿속에 그린다. 그러나 막상 원고지를 펴놓고 시를 쓰려고 하면 그것이 재미있고 귀중한 일이라는 생각이 싹 가시며, 이제까지 머릿속에 정리된 약간의 모든 생각 찌꺼기가 몽땅 백지처럼 증발해 버리고 만다. 그리하여 텅 비어 있는 껍데기 속에서 무엇을 찾으려고 허둥댄다. 그러면 안절부절 못한다. 책상 서랍을 정리하고 그 책상 서랍 속의 모든 물건이 제 자리에 있는지 살핀다. 음악을 듣는다. 교향곡을 듣다가 중도에서 끊어버리고 다시 경음악을 듣는다. 물론 담배는 계속 줄담배를 피운다. 만약 누군가 나의 옆에서 이러한 나의 행동을 주시한다면 참으로 가관일 것이다. 잠시도 하던 일을 계속하지 못하고 이랬다저랬다 하는 불안정 신경질—이러한 과정이 지나가면 마치 여름날 소낙비가 한 차례 지난 후 찬란한 햇빛이 밝아오며 온 세상이 깨끗하고 맑아지는 것처럼, 나의 마음도 맑고 밝아지며 시를 쓰는 첫 줄이 무지개처럼 떠오른다. 주기적으로 일 주일이면 한두 차례 일어나는 나의 습관에, 가족들은 나를 피하여 나 혼자만의 습관 속에 갇히도록 방치한다. 이러한 주기를 당하면 나는 꼭 무엇을 잊어버린 사람처럼 골똘히 찾는 행동을 반복한다. 그 찾는 일이 무엇인가를 나 자신도 모르면서, 계속 찾고 있는 것이다. 좀처럼 잊어버린 것이 무엇인지도 모르면서, 또 찾고자 하는 것이 얼마나 귀중한 것인지도 모르면서, 봉창 속을 뒤적이고 머리를 짜내는 것이다. 이럴 때 마음을 안정시켜 주는 일은 첫째론 음악이요. 둘째는 남의 작품에서 큰 감동을 받아오는 일이다. 그것이 근자에 더욱 역력히 그런 증후를 나타낸다. 아무리 나의 머릿속에나 가슴속에서 그 무엇을 찾아내고자 하여도 잘 발견되지 않는데, 남의 것에서 실마리를 찾아내어 내 것으로 연결지어 주는 것이 무엇 때문일까? 좋은 글을 쓸 수 있다는 것은 역시 영향 관계가 중요한 모티브가 필요하다는 것을 알 수 있다.

나의 시는 나의 일기장의 메모에서 찾아낸다. 그러니까 생활의 반성에서 얻어진 언어의 집합과 재구성에서 획득되어진다. 그리고 대상이 무엇이든지 사랑하는 것에서부터 시의 싹이 나온다.

나는 한동안 나무를 무척 좋아하고 사랑하게 되었다. 무슨 종류의 나무고 그것을 나의 좁은 정원에 옮겨오는 작업을 서둘렀다. 아침저녁으로 그것들을 바라보고 여름날 더우면 물을 뿌려주고 그들을 살폈다. 이상한 것은 아침, 점심, 저녁 그 나무를 바라볼 때마다 나무의 빛깔이 조금씩 달리 보이는 것이다. 물론 햇빛과의 관계에 의한 것도 있겠고 기후의 변화에서 그렇게 다른 빛을 낼 수도 있을 것이다. 그런데 나는 그 나무들과 3, 4년 가까이 지내는 동안 그 나무들이 말하는 소리를 들을 수 있게 되었다. 요즘은 그 나무들이 제법 커서 4, 5년 전만 해도 어린 티를 못 벗어났는데, 지금은 청년다운 모습을 보여주고 있다 그들이 지금은 제법 서로 사랑의 이야길 주고받는 어른스러운 모습을 하고 나에게 속삭이고 있다. 나는 그들과 이야기를 나눌 수 있을 때 시를 쓰게 된다.

시는 내 정신의 재다. 정신이 타고 있을 때는 불줄기로 하여 걷잡을 수 없지만 일단 불이 다 타고 남은 자리엔 재가 남는다. 그 재들의 언어가 바로 나의 시가 된다.

나는 하루도 무엇을 사랑하지 않는 것이 없다. 나의 남루한 헌옷에서부터 새로 사온 전축의 음반까지, 나의 주변에 보이는 가족의 얼굴에서부터 낯선 거리에서 만난 잠깐 동안 스쳐

지나간 인물까지, 그러한 것들이 나의 머릿속에서 떠나지 않고 나를 연민 속에 몰아넣는다. 그들을 생각하다가 마침내 어느 날 밤 길게 꿈에서 만난다. 그 꿈의 헛된 일들을 나는 놓치지 않고 시 속에 담아 보려고 한다. 그것들이 가끔 나의 작품으로 형상화되었을 때 생시에 보았던 모습으로 부활한다.

시에 비방은 없다. 인스피레이션도 없다. 끝없이 사랑을 퍼붓고 궁금증의 연속 속에 그러한 궁금증을 나의 메모장에 기록하고 그것을 잊지 않으려고 잠자리에 들기 전에 이불 속에서 몇 자씩 적어놓은 것들, 그것들이 쌓이고 쌓이면 쌓인 메모지 종이 뭉치가 나의 머릿속에서 거미가 거미줄을 짜놓은 것처럼 꿈의 거미줄을 짜놓는다. 그 거미줄은 전혀 무질서해 보이지만 막상 완성된 뒤에는 그토록 기하학적인 미학으로 하늘에 펼쳐지니, 이것이 시로 만들어지는 힘의 근원이 되는 것은 아닐까.

나의 작업은 마치 거미의 그것처럼, 무엇이 걸릴까 열심히 나뭇가지에 거미줄을 치는 거미들을 연상하고, 생각의 거미줄은 나의 정원 나무 끝에 펼쳐져 밤이나 낮이나 나를 기다리고 있다. 아무것도 걸리지 않는다 해도 노을이나 바람이나 햇빛이 때론 새로운 빛깔과 내음으로 나를 흥분케 하고 나뭇잎에도 가끔 거미줄이 걸려 아름다운 빛을 던져주고 있는데 그것이 바로 나의 시작 비법이다.

그리하여 첫 행이 시작될 때

제1행, 그것은 꿈에서 찾는 것이다. 첫 줄 때문에 시를 쓰게 되기도 하고 못 쓰게 되기도 한다.

시가 침묵이라는 생각 때문에 항상 고심하지만 이 침묵을 깨는 첫소리는 나를 흥분케 한다.

제 소리에 스스로 놀라 어두운 잠에서 깨어나는 것이다. 첫 소리는 매우 중요하다. 언제나 작품의 성불성을 좌우하게 된다. 첫 줄은 뒷 줄에 올 가장 커다란 의미를 주기 때문이다.

나는 시에 제목을 먼저 정하여 놓고 쓰지 않는다. 그렇기 때문에 시의 첫 행은 나에게 있어서 제목과 같은 구실을 한다. 나는 이 첫 줄 때문에 꿈 속에서도 고심한다.

하나의 시적 이미지가 형성되어도 그 시의 제1행이 떠오르지 않아 그 작품은 나의 기억 속에 보유 상태로 남는다.

그렇게 시의 첫 마디는 무거워진다.

마치 유언을 하는 마당에서 시작되는 말처럼 나의 작품 가운데서 가장 중심적인 세력을 형성하는 발언이 되기 때문이다.

첫 줄 없이는 다음에 전개될 스탠저가 '無 무'의 상태로 남아 있는 까닭이다.

시의 제1행은 아무래도 꿈 속에서 응축된 영감성이라고 나는 생각한다.

인스피레이션 무용론을 내세우고 있지만, 첫 줄의 선택은 영감에 맡길 수밖에 없다.

머리에 확 떠오르는 첫 말, 그것을 맨 앞 줄에 놓을 수밖에 없지 않을까.

한 편의 시가 되기까지에는 많은 언어가 기억과 체험으로 뒤범벅이 되어 머릿속에 가득 찬다.

그 혼돈된 덩어리 속에서 가장 빛나는 순간의 여울처럼 신비한 생명력을 가지고 뛰쳐나오는 것…… 문득 떠오르는 그것이 첫 행이 된다. '이 무슨 몸짓인가' '나는 어디쯤 왔는가' '그해 겨울 지금 생각나지요' 이것은 나의 작품 첫 행을 아무데서나 뽑은 것이다. 이것들은 나 스스로를 내가 돌아다 보는 몸짓이요 기도이다.

외계로 시선을 돌리지 못하고 내부로만 쏟는 그 무서운 '벽' 때문에, 내가 시를 쓰지 못하게 될지도 모른다는 두려움이 그치지 않는 것은 무엇 때문인가. 그러면서도 여전히 내 인식의 거미줄이 24시간 긴장 속에서 피 흘리고 있는 까닭은……

시의 행구분

시작을 하는데 가장 관념거리며 여러 번 고쳐지는 과정을 거쳐도 마지막까지 흔들리는 것이 바로 시의 行區分 행구분 이다.

내가 시에 관한 이론 전개나 창작에 대하여 논급하는 자리에서 가장 설명키 어렵고 불명확한 것이 또한 행 구분에 대한 이야기다. 왜냐하면 시의 음률상 형식이 한국 현대시에는 없기 때문이다. 다시 말하면 현대시의 기본적인 형식이 없기 때문이다. 여기에 대하여 나 스스로 몇 가지 질문을 만들어 질문에 대하여 답하는 형식으로 이 글의 주제를 해명할까 한다.

-시의 1행은 대개 몇 자로 하는 것이 좋은가.
-시의 행 구분은 무엇 때문에 이루어지는 것이 좋은가. 또한 행 구분을 어떻게(方法 방법) 하여야 옳은가. 그 원칙의 근거와 접점은 무엇인가.
-1연은 몇 행으로 구성하면 좋은가, 또 전체는 몇 연으로 하여야 하는가. 각 연의 행수는 동일해야 하는가.

대략 이상의 세 가지 질문을 놓고 나 스스로 시작의 경험을 중심으로 이야기를 전개하겠다.

그런데 이상의 세 가지 질문이나 문제를 놓고 시작을 꾀해본 적은 한 번도 없다. 시를 창작하는데 있어서 무조건 한 편을 써놓고 난 후 행의 구분이나 연의 구분이나 콤마 하나에 이르기까지 섬세한 검토를 하고 수정하는 것은, 언제나 마지막 마무리 단계에서 시도되는 것이기 때문이다 사실상 시의 행 구분이나 聯區分 연구분 의 문제는 음률상 자기 스스로의 기호나 습관에 기인되며, 문장상의 호흡 또는 창작하는 사람 자신의 호흡에 연유된다고 생각된다. 왜냐하면 한국 현대시의 '기본형'이 없다고 나는 말했었는데, 그 문제에 대하여도 재론의 여지는 많고 또 이와 반대되는 의견을 가지고 반론을 제기할 사람도 있다는 것을 염두에 두지 않을 수 없다. 우리나라의 시가의 역사를 돌이켜 볼 때 신라 향가·고려가요·조선시가·시조·신체시·자유시 등 이러한 詩史的 시사적 변천 과정을 통하여 한국 현대시는 형성되었기 때문에, 시가의 역사상 음률의 전통 같은 것이 형성되어 있다고 볼 수 있는 견해도 긍정적인 면에서 받아들일 수 있다. 사실상 우리나라의 시가나 시조가 3·4조의 음수율에 의하여 성립되는 연 구분으로 3장 6구로 처리된다고 볼 때, 암암리에 그러한 행 구분이 잠재되어 있다고 볼 수도 있다.

그러나 오늘날 현대시의 경우 특히 자유시라는 입장에서 생각할 때, 음률과 시의 구성은 다양하고 자유스럽다. 더구나 현대 시인들이 구체적으로 개개의 시인 특유의 음률과 구성을 가지고 있으니 이것에 어떤 통일된 정형적 요소는 없다. 또한 행의 장단, 행 구분, 또는 행의 교체도 어떤 기준을 생각할 수 없다, 그러나 개성있는 시인의 작품을 읽어보면 품격있고 훌륭한 작품일수록 행의 길이나 행의 교체가 적절하고, 읽는 사람으로 하여금 이해와 납득 이 잘 가도록 하고 있다

한 마디로 시행 구분의 방법이나 근거는 모두 시인 스스로

터득하고 이해되어야 할 문제라고 믿는다. 다만 여기서 사족을 달아 나 자신의 자작시의 경우를 중심으로 서두에 밝힌 질문을 놓고 몇 마디 논급하고자 한다.

첫째의 경우, 시의 한 행을 몇 자로 하는가의 것에 대하여 내 자신 이제까지 나온 시집을 놓고 조사해 보니 15자 내지 10자를 넘나들었다. 물론 산문시를 제외하고 말이다. 그러니까 시의 한 행이 200자 원고지 두 줄을 넘기지 않았다는 결과가 나온다. 그것은 대개 우리 詩歌시가의 전통적 흐름에서 크게 벗어나지 않았다는 점을 지적할 수 있다. 또한 나 자신 작품을 창작하는 데 있어 음률에 대한 관심을 떠나본 적이 없다. 특히 반복음에 대한 매력 같은 것 말이다. 특히 末韻말음에 대한 처리는 가급적 접두사를 제거시키려는 데서 행의 자수를 제한하고 있다.

시는 뭐니뭐니 해도 의미의 압축과 함축에 있다고 생각된다. 그렇기 때문에 한 행과 한 행의 사이는 의미의 직접적인 연결보다는 의미의 함축이나 의미의 단절에서 제기되는 심성을 찾고 싶은 의욕에서 시도된다. 그래서 첫 행과 둘째 행 사이는 반어적 방법이나 의미의 대입적 관계를 나열코자 한다. 가령,

그대 보이지 않는 것은
없어진 것이 아니라

수미산이 가려 있기 때문이다.

—시·「달」 첫째 연

여기서 보는 바와 같이 첫 행과 둘째 행은 의미 부정의 부정적 논리 전개를 꾀했다. 그러나 나의 욕심은 이런 정도의 것이 아니라 의미의 비약으로 독자가 한동안 눈치채기에 시간을 뺏길 수 있도록 행간의 심연을 만들고 싶은 것이다. 행간을 심연으로 비유한다면 그 심연은 깊고 최대한으로 폭이 넓어야 된다. 그러나 시인 자신이나 독자가 그 심연을 건너뛰지 못할 만큼 너무 넓어도 곤란하다. 최대의 힘을 발휘하여 건너 뛸 수 있는 거리를 유지해야 한다. 그 최대라는 관념어가 얼마나 적절한가의 정도 문제는 남아 있게 마련이다. 만약 독자가 아무리 행간을 뛰어넘어 보려고 노력해도 도저히 이를 수 없는 불가한정의 거리(幅 폭)라면 그것은 행간의 폭으로 적절하지 못하다. 또한 깊이도 그렇다. 위에서 보기에 아주 퍼렇게 깊어 보여도 그곳에 뛰어들면 익사하지 않고 마침내 다시 소생할 수 있는 가능성이 있는 깊이라야 된다.

셋째로 1연은 몇 행으로 구성해야 좋은가의 문제에 대하여 나의 습관으로 보아 4행 정도가 되지 않을까 한다. 왜냐하면 4행어가 가지고 있는 특질이 특히 매력을 갖고 있기 때문이다. 어느 경우 한 행의 시에도 무한한 시 의식을 담을 수 있기도 하지만, 보통 일반적인 경우 4행이라야 소위 '기승전결'의

문장 표현이 가능하기 때문이다. 이 이상 많은 행수를 필요로 하는 장시의 경우도 없지 않지만 가장 기본이 되는 원형이 바로 4행이기 때문이다.

또 전체를 몇 연으로 하여야 하는가의 문제에 대하여 나는 대개 기본적으로 4연시를 즐겨 쓴다. 그 까닭은 이미 언급한 바와 같이 '기승전결'이라는 원칙에 염원을 두기 때문이다. 또한 각 연의 行聯행연은 동일해야 할까의 문제에 대하여 가급적 자수율을 맞춘 동일한 것이 규격적으로도 좋고 음률상으로도 효과가 크다고 보아진다. 그러나 이러한 생각은 그야말로 생각뿐이고, 실제 창작을 해보면 거의 그렇게 되지도 않는다.

다만 이러한 기본적인 원칙을 머리에 넣어 둘 때, 시는 시의식으로 성숙되며 탄생되어지는 것이 아닐까. 요는 '행', '행간', '음'의 의식은 시의 聯律上연율상 반드시 전제되어야 하며, 소위 '디후퉁'을 향한 시의 결전이라는 대전제가 성립된다.

내가 시를 쓸 때 항상 한 행, 한 구절을 속으로 읽어가는 버릇은 바로 이러한 데 기인하는 얽매임으로 고심하는 까닭이다.